はじめに

礼節とは、相手を想う心が形になったもの

あなたは、仕事において何を大切にしていますか？

「仕事なのだから結果がすべて！」

「〝稼いだ額〟以外ないでしょ」

というご意見もあるかもしれません。もちろん、仕事はボランティア活動ではないので、このような考えもあるでしょう。

しかし、このような目先の利益や結果に追われて「人として大切な心」を見失ってしまうと、かえって望むような結果は得られません。

あとでご説明するように、心を大切にして仕事に向かう人ほど周りから応援され、

助けられ、認められるからです。

この本のテーマは、**「礼儀礼節」をもって仕事をすることがいかに優れた効果をもたらし、人望を集め、自分と周りの人たちを幸福にしてくれるか**ということです。

「礼儀礼節」というと、ちょっと堅苦しい四字熟語に見えるかもしれませんが、かみ砕いて言うなら、「心を形にした行動」と言い換えられます。

心というのは「思いやり、心遣い、気配り」「敬意」「感謝」に代表される〝想い〟を指します。

情報技術の発達でとても便利な時代となり、たいていのことはその場で調べて「正解」を手に入れられますし、欲しいものはいつでもどこでも注文することができます。

ですが、このような現代であるからこそ、人にしか提供できない価値である「心を丁寧に扱う」ということをしっかり考える必要があるのです。ものやお金も人を幸せにしますが、本当の幸せは人とのかかわりのなかで生まれることが多いからです。

目には見えなくても、想いや心は必ず伝わる

私は、航空会社の客室乗務員（ＣＡ）として国内線、国際線でたくさんのお客さまと出会ってきました。また、サービス訓練教官として多くの訓練生を指導した経験もあります。そこではさまざまなお客さまにとっての〝いいサービス〟を追求するために、しぐさや表情、接客術を磨きました。

しかし、これらの経験を通じて何より大切だと確信したのは、「どのような気持ちで人と向き合っているか」ということでした。**相手に敬意を払うこと、相手の幸せに貢献したいと思う心。すべてはそこから始まる**とさえ思っています。

ＣＡを辞めて独立をした際には、恥ずかしいことにビジネスを展開していく術やノウハウなどは何もありません。ひたすらやってきたのは、乗務員時代に学んだ礼儀礼節を重んじることだけでした。それが身を助けたと痛感する場面はこれまでいくつも

あります。

また、最近では私も誰かの応援をする側になることも出てきました。その際に考慮するのもやはり、「礼儀礼節を大切にしている人かどうか」です。そのような人はみな共通して次のような感情を抱かせます。

「この人なら誰に紹介しても間違いない（という絶対的安心感）」
「この人なら応援したい」
「この人とまた一緒に仕事がしたい」

誰に対しても分け隔てなく優しさがあり、相手への配慮や敬意があるのですから、応援したいと思うのはけっして不思議なことではありませんよね。

ビジネスや人間関係において、相手を大切にしているからこそ、「選ばれる」「紹介される」「応援される」という結果を手にしているのです。**相手を大切にしているからこそ、その報いが形として返ってくる**のです。

ただし、想いや心がいくらあったとしても、それは目には見えないので伝えるための形や行動が必要です。さらに言うなら、その行動に誤解を招くものがあると想いは正確に伝わらないのです。

形や行動は「心」が表出した結果

客室乗務員時代、とあるＶＩＰが搭乗するフライトを担当したことがあります。テレビやニュースでは何度もお見かけしていましたが、ご本人とお会いするのは初めてのことでした。以前にもこの方を担当したことがある先輩からは、

「お会いすれば誰もがファンになってしまうような方」

と聞かされていました。実際に機内にお迎えし、先輩の言葉通り私はすっかり心を奪われてしまいました。


乗務員一人ひとりに対しての丁寧なお辞儀、優しく品のあるまなざしと柔らかい物

腰――。お席にうかがった際には、軽く座り直して体をこちらに向けて話を聞いてくださいました。

相手への敬意に満ちた礼儀正しい目線や所作が、これほどまでに深く心に響くものなのかと身をもって知ることができた出来事でした。

相手を大切に想う心。それは相手を魅了し、ひいては自分自身をも幸せにします。

まずは「心」から。そしてそれを正しく伝えていくための「形や行動」。この両輪について書き綴ってまいります。あなたの仕事や人間関係がさらに豊かになっていくための一助となれば幸いです。どうぞ最後までおつき合いくださいませ。

２０２０年８月　七條千恵美

はじめに　礼節とは、相手を想う心が形になったもの　3
目には見えなくても、想いや心は必ず伝わる　5
形や行動は「心」が表出した結果　7

第1章　礼節がある人だけが受け取れる6つのギフト

ギフト1＊礼節のある人は敵をつくらない……16
気持ちを揺らさない人は信頼される　19
ギフト2＊礼節がある人は一目置かれる……20
真っ先に思い出してもらえる人になる　22
ギフト3＊礼節がある人は「受け取り上手」で得をする……24
〝感謝の視点〟を増やす　26
ギフト4＊礼節がある人はチームの士気を高める……27
全員の士気を高めた教官のひと言　29

ギフト5✴礼節がある人は誰かが助けてくれる……31
普段の態度がピンチを救う 33
ギフト6✴礼節がある人は温かい応援を引き寄せる……36
あいさつは先手必勝 37

第2章 私が見てきた最高の礼節

ケース1✴チームに安心感とやる気を与えた機長の気づかい……42
常に相手のことを優先する姿勢 44
「また一緒に仕事をしたい」と思わせる人 46
ケース2✴お辞儀ひとつで改革への情熱を示した稲盛会長……48
「経営の神様」が見せてくれた最高の礼節 51
ケース3✴部下にもキッパリと謝罪をした上司の姿勢……53
人としての誠実さが問われる 55
ケース4✴機内で倒れた大企業副社長からの手紙……57
ケース5✴組織トップが見せた真摯に話を聞く姿……60
誰の話にも価値があるという姿勢 63

第3章

礼節を表現する具体的な方法

✦「しないこと」もひとつの礼節……65
相手に恥をかかせない気づかいも必要　68
✦先入観をもったり決めつけたりしない……70
選択を相手に委ねる聞き方を　72
✦礼節のある人は〝当たり前の基準〟が高い……75
いつでもどこでも誰に対しても　77
✦礼節以前のあいさつの基本……80
あいさつのトーンを合わせる　82
あいさつの〝線引き〟をしない　84
✦身だしなみは「あなたのために時間と手間をかけました」というメッセージ……86
見る人に違和感や不快感をもたせない配慮　88
✦知らずにやっていませんか？　誤解を招く態度や表情……90
自分では気づかない怖さ　91

信頼関係ができるまでは慎重に　93
✦「相手の目を見て話を聞く」は標準装備……95
顔を向ける、体を向ける、目を合わせる　96
アイコンタクトで得られる情報は意外に多い　98
✦笑顔には「足し算」と「引き算」がある……99
笑顔の足し算、引き算が必要な人　101
✦書いたものを他人に読んでもらうときの礼節……104
相手の知らない言葉を使っていないか　105
「相手に合わせる」が基本スタンス　106
✦相手の時間を奪わないように配慮する……108
✦相手へのお誘いには「逃げ道」をつくっておく……109
✦相手に気を使わせないようにするのもひとつの礼節……112
✦ビジネスマナーに固執しすぎてはいけない……114
✦クレームへの上手な対応は「具体性」がポイント……118
✦相手の立場になって「行動」や「感情」に想いを寄せる……121
✦部下を〝伸ばすほめ方〟と〝ダメにするほめ方〟……125
✦無意識のうちに相手の意見を否定していませんか？……128

話してくれたことに感謝する 130
返事ひとつで相手との関係性は180度変わる 132
相手の話を受け入れていることを伝える 134
SNSを通じても感じる「品格」と「安心」 137
難しい相手にも伝わる言い方の工夫 139
自分の感情はいったん脇に置く 141

第4章

礼節のない人にはどう対処すればいいか

世の中には平気で嘘をつく利己的な人がいる 144
わざと無視をする人に出会ったら 147
約束を守らない人にはどう対処する？ 150
威圧的な態度をとる人、威圧的な言い方をする人 152
「行儀が悪い人」に伝わる言い方 156
知識をひけらかすと礼節を失う 160

第5章

いつでも心穏やかでいるための考え方

✦譲るだけが礼節ではない……164
✦不確かな情報やウワサに振り回されない……167
✦「何のためにやるのか」という優先順位を考える……169
「何を大切にするか」を忘れない　172
✦〝イヤな相手〟の背景を想像する……174
相手が気づくまで距離をとる　176
✦うまくいかないことも、いい意味であきらめる……178
感謝のハードルを下げる　181
✦自分軸はぶらさない。でも、しなやかに……183

おわりに　187

本文イラスト　髙柳浩太郎
本文デザイン・DTP　佐藤 純（アスラン編集スタジオ）

第1章

礼節がある人だけが受け取れる6つのギフト

ギフト

1

礼節のある人は敵をつくらない

「敵をつくらない」というと、単に人当たりがいい、波風が立つことを言わないなどの行動だと思うかもしれませんが、それだけでは仕事を遂行することはできません。それは社内の人間関係、とりわけ上司と部下の関係においても同じことが言えます。

みなさまにとって、上司とはどのような存在でしょうか。また、自分が上の立場になったとき、どのような存在でいたいでしょうか。

日本航空（ＪＡＬ）ではいろいろな上司と出会ってきましたが、誰からも口をそろえて「大好き！」と言われ、慕われる女性の上司がいました。思い返せば、その上司は部下である私たちに対していつも「礼節」をもって接してくれていました。

だからこそ、どんな部下からも慕われ、私たちも本当の気持ちを話すことができたのです。では、具体的に上司がどのような想いをもって、どのような行動を見せてくれたのかをご紹介します。

当時、幼い子どもがいた私は、深夜と宿泊の勤務が免除される制度を利用して乗務していました。このような制度とフォローしてくれる仲間に感謝するとともに、なるべく早めに子どもの行事の情報を入手し、なんとかフライトスケジュールが立てられる前に有給申請するようにしていました。

それでも仲間に対して負担をかけることになるので、「せめて割り当てられたフライトスケジュールだけは、子どもを言い訳にせずしっかりやり遂げたい」という気持ちで仕事に臨んでいました。

ところが、同様の制度を利用していたある乗務員が、その上司に、

「今週の土曜日なんですけど、幼稚園の行事があるのでフライト変更してもらえます

か？」と何の躊躇もなく申し出ているのを耳にしました。

フライトを変更するとは、その日がスタンバイである誰かの予定に影響を及ぼすということ。結果的に希望通りに休みをもらえたようで、彼女の安易な要求に疑問を感じてしまいました。


「なるべく会社に迷惑をかけないように努力している私って、何？」

「でも、だったら私ももっと気楽にフライトの変更を頼んでみようかな……」


二つの気持ちが交錯しました。そこで、その気持ちを上司に聞いてもらったのです。

上司は私にこう言いました。

「七條さんの考え方で正しいのよ。やはり、もらったスケジュールは極力全うすべきですから。でもね、私には子どもがいないの。だから、幼稚園の行事がどんなタイミングで知らされるのかもわからない。わからないからこそ、できることならやってあげたいと思っているの。もちろん、できないことならそうはいかないけどね」

「わからないからこそ、できることはやってあげたい」。この言葉に目からウロコが落ちました。

気持ちを揺らさない人は信頼される

「子育ての大変さを知っているから共感できる」というのはよく聞きますが、**「想像できるから、ではなく、想像できないからこそ相手に想いをはせる」。**

まさにこの上司の人としての在り方が詰まった言葉でした。また、生意気にも上司の判断に疑問をもち、質問をぶつけた私のことも否定していません。

思い返せばこの上司はこの件に限らず、いつでも誰に対しても穏やかに気持ちを受け止めてくれる人でした。一緒に乗務したときも、どんな業務でも率先して動いていた姿が思い出されます。

この上司と一緒に仕事をすることを誰もが喜び、伸び伸びとフライトしていました。そのため敵となるような人は皆無で、誰もがこの上司を応援していました。

上司というのは時に難しい存在ですが、誰一人としてこの上司を悪く言う人はいませんでした。「敵をつくらない」とは、まさにこのような人との接し方によって実現できるのではないでしょうか。

ギフト
2

礼節がある人は一目置かれる

美しい言葉で話す人と乱れた言葉を使う人。清潔感ある身なりをしている人とだらしない感じのする人。物腰の柔らかい立ち居ふるまいの人とガサツな人――。

人の好みはすべて同じではありませんが、どちらを選ぶかと聞かれたら、多くの人は前者を好むのではないでしょうか。言葉も身なりも所作も、一見すると表面的なもののように思えますが、その土台となっているのは相手を敬う心や、快適にすごしてもらうための配慮です。

「一緒にすごす」「一緒に仕事をする」「誰かに紹介する」というとき、礼節がある人かどうかということは、選ばれるための非常に大切なポイントになります。

いくら突き抜けた個性や才能をもっていたとしても、使う言葉が相手を傷つけるものであったり、身なりやふるまいがＴＰＯにそぐわないものであったりすると、「品」というものを感じることはできません。

カリスマ性があれば一部の人からの称賛を得るかもしれませんが、一時的に好意を得られるだけにとどまることが多いようです。

心と形の両輪を兼ね備えた礼節ある人からは、品格を感じ取ることができます。それは上品を装ったものとは異なり、自然に身にまとった、人を温かく包むオーラのようなものです。

真っ先に思い出してもらえる人になる

人にはいろいろな欲があり、そのなかには「安心したい。安定したい」という欲求があるといわれています。礼節のある人は相手を不快にしたり、ないがしろにしたりすることをせず、周りにいる人を大切に思うことができる人です。

つまり、**礼節のある人のそばにいるだけで「安心」を感じられ、地に足のついた安心感はやがて「信頼」となり、多くの人の支持を得られます。**

このような人には気分や状況に左右されない安定感があるため、周囲の人や上司からの信頼も厚くなります。何か新しい取り組みや役割が発生したときに、

「そうだ！ あの人に任せてみたらどうだろう」

と名前があがり、チャレンジや成長の機会を得ることも多くなります。

また、個人で仕事をする場合なら、「あの人なら間違いないよ！」と思い出されて推薦されることが増え、自然と仕事の輪が広がっていくのです。

「他の誰かではなく、あの人なら大丈夫」このような安心感や信頼は、一朝一夕で身につくものではありません。礼節がある人は、出会う人を大切にすることでコツコツとそれを積み上げています。それがやがて、周囲から一目置かれる存在になることにつながるのです。

ギフト
3
礼節がある人は「受け取り上手」で得をする

礼節のある人には、「この人なら誰に紹介しても大丈夫」という安心感があるため、仕事のご縁が広がりやすいことは前項で説明しました。

もちろん、仕事上の能力があり成果が見込まれることが前提にはなりますが、無礼なことをしないというのは紹介者にとって大きな安心材料ですよね。

さらに、**礼節のある人は感謝の気持ちを忘れません。**相手に感謝の気持ちを伝えることで、相手を幸せな気持ちにします。何かものをもらったとき、ほめてもらったとき、助けてもらったときは素直に受け取り、「感謝」で返すことがポイント。必要以上に遠慮したり、自分を卑下したりする必要はないのです。

紹介者へは自分を推してくれたことへの感謝、新しく出会った人にはご縁への感謝や、報酬をいただくことへの感謝をします。

人には「誰かの役に立ちたい」という貢献の欲求があります。感謝の気持ちを伝えることは「あなたのおかげです。ありがとうございます」という想いを届けるだけでなく、相手の「誰かの役に立ちたい」という気持ちを満たすことにもなるのです。

「自分のしたことが誰かの役に立った」
「自分のしたことで相手が幸せになった」
「自分の存在によって誰かを救うことができた」

このような場面に遭遇したとき、温かい気持ちに包まれ、心からの幸せを感じられます。つまり、**礼節のある人は受け取るチャンスが多く、そしてまた、感謝という形で幸せをお返しするという循環をつくることに長けています。**

“感謝の視点”を増やす

私はよく子どもたちに「受け取り上手になりなさい」と言います。

受け取り上手とは、たとえばおみやげをもらったとき、ごちそうになったとき、ほめられたときなどにはきちんとお礼の言葉を述べ、素直に喜びや感謝の気持ちを表現できる人のことです。

年齢や性別にかかわらず、受け取り上手な人は本当に得をしているように感じます。これは、けっして自分の本心に封印をしてなんでも喜ぶということではなく、**視点を多くもって感謝するポイントはたくさん見つける**ということです。

感謝の視点を増やし、相手にきちんと「あなたのおかげ」「あなたのしてくれたことが嬉しい」と伝えることで、

「そんなに喜んでもらえて、こちらまで嬉しい！」

という双方にとってプラスとなる関係性を構築できるのです。

しかし、得だけを狙った下心ある受け取り上手や見返りを求めてのふるまいは、いつか必ずボロが出ます。上辺だけのテクニックが薄っぺらいと感じることと同じですね。大切なのは「感謝すること」「感謝する視点を増やし、気づける自分になること」です。心が伴ってこそ相手に伝わります。

ギフト

4

礼節がある人はチームの士気を高める

最近は、いろいろなところで「ほめること」を大切にする人が増えてきたように思います。相手をほめるということは相手のいいところを見つけるということですから、否定されるよりもほめられたほうが嬉しいのはたしかでしょう。

しかし、ほめ方やその目的によっては、かえって相手に失礼になることもあります。というのは、内容によっては相手を子ども扱いしているようにも見えますし、自己保身のためにご機嫌をとろうとしたり見返りを求めていたりするような場合には、素直にその言葉を受け取れないからです。

ただ「すごいね」「えらいね」「がんばったね」と言うだけではなく、**まずは相手を「認めること」が大切**です。

これは、相手に敬意を払っていなければできません。指導する立場の人が相手に敬意をもって向き合う、つまり礼節をもって接することができるかどうかは、チームの士気を大きく左右します。

「私たちはダメな乗務員なのだ」と気落ちしていたとき、士気を高めてくれた訓練教官がいます。

乗務員としてたくさんの同期とともに入社し、同じ時期に訓練を受け、同じタイミングで国内線にデビューしましたが、国際線デビューの際には選考がありました。

一緒に歩んできた同期のなかでふるいにかけられる。当然ですが、落ちたくはありません。初回の選考から漏れても、ゆくゆくはほとんどの人が国際線に移行するのですが、それでも「選考に落ちる」という体験をしたい人はいません。

残念ながら、私は1カ月の病欠がネックとなり選考に落ちました。今思えばそこまで落ち込む必要もないことですが、当時はどうしようもなく悲しく、「ダメ人間」のレッテルを貼られたような気持ちにもなりました。

全員の士気を高めた教官のひと言

そこから半年ほど経ち、私たち「初回選考漏れチーム」も国際線移行訓練がスタート。初日のクラスにはどことなく〝負け犬感〟が漂っており、自虐的に「出がらし」などと自らをたとえる人もいました。

やがて担任の教官が教室に入ってきました。教官からどんな言葉が出るのか、なぐさめの言葉でも聞かされるのかと思っていたとき、次のような言葉がありました。

「私はみなさんを一人の大人の女性として、一人前のCAとして扱うつもりです」

私たちは、その言葉で目が覚め、背筋が伸びました。

複雑な想いで迎えた訓練であることは教官も当然知っています。教官によっては、なぐさめたり、ここまでのがんばりを称えたりする人もいたでしょう。

しかし、その教官は**安易にほめることはせず、「認めている」という前提を明確にしました。**それは、クヨクヨしていた私たちの甘えを断ち切らせてくれました。

「一人ひとりに敬意を払い認めてくれること」

「一人前の人間として向き合ってくれること」

このような礼節をもって接してくれる人がいるだけで、チームは心強く前を向いて歩いていけるのだと思った出来事でした。

ギフト
5

礼節がある人は誰かが助けてくれる

後輩にとても礼節のある人がいました。彼女とは同じグループに属していたので、数多くのフライトで一緒に乗務しました。控えめで謙虚な彼女とは対照的に、周りをハラハラさせてしまうほど会議などではっきりものを言う私。上司からは「あなたたちは足して2で割るとちょうどいいわね」と言われたものです。

そんな後輩が、思いがけずある日ピンチに立たされたものの、日ごろの行いが功を奏して事なきを得たという例をご紹介します。ことの顛末《てんまつ》をそばで見ていましたが、いかに礼節が大切であるかを深く知ることができたエピソードです。

ロンドンから成田へのフライトでのこと。彼女と私はビジネスクラスの担当でした。食事のサービス中にトラブルが起き、彼女はその対応に追われていました。ご迷惑をかけてしまったお客さまに説明とおわびをしている彼女を横目で見ながら、私は担当のお客さまへのサービスを続けていました。

食事のサービスが終了し、仲間同士で情報共有の時間を設けた際に、彼女から一部始終を聞きました。トラブルの原因、お客さまへの説明と対応した内容、現在のお客さまの様子。報告を受けた誰もが間違いない対応であったと感じましたし、それ以上の対応はできないとも思いました。

しかし、初期の段階でお客さまにご迷惑をかけたことは事実です。その後のフライトでミスが重ならないように全員が気をつけようということでその場での話は終わりました。

成田に着いてターンテーブルの前で預けた荷物を待っていると、彼女が急にその場を離れてどこかに行きました。彼女の行く先を見ると、先ほどビジネスクラスをご利用になり、彼女が何度もおわびをしていたお客さまがいらっしゃいました。

そこでも彼女は頭を下げていました。お客さまも笑顔でした。飛行機を降りてからも、彼女はお客さまのことを気にかけ、姿を見つけて謝罪に向かったのでした。

普段の態度がピンチを救う

ところが……。そのフライトから数日経ったある日のこと、彼女が真っ青な顔で私のところにやってきました。ただならぬ様子に「ど、どうしたの?」と声をかけると、「人間不信になりそうです……。初めて仕事を辞めたいと思いました」と彼女。

聞けば、ロンドン線で彼女が何度も席にうかがい、何度も頭を下げていたお客さまからクレームがきたとのこと。しかもその文面は怒りに満ちており、彼女を名指しの呼び捨てで「傲慢」「上から目線」という言葉があったというのです。

事実とはあまりにも異なる内容に私は黙っていられず、「全然違うじゃない！　どんな対応をして、お客さまがどのような様子だったのか、私から上司に話してあげる」と伝えました。

するとかの女は、「ありがとうございます…。上司からも念のための状況確認としていろいろと聞かれましたが、この文章をそのまま信じはしないから大丈夫と言われました。上司は、今回のことはショックだと思うけど、これで自信をなくさないようにと言ってくれました」と話していました。


接客はお客さまが感じたことがすべてではありますが、このケースはあまりにも事実と違いました。彼女は「謙虚」の代名詞のような人。それは**もっとも大切なお客さまに対してだけでなく、上司や後輩に対してだっていつも変わらずそうなのです。**

だからこそ、このような事態になっても周りの人が擁護しようと動いてくれて、上司からの信頼も揺らぎませんでした。

万が一、上司から「どんな対応をしたのですか？不適切ではなかったのですか？」と聞かれたとしても、私をはじめ一緒にフライトしていた仲間の誰もが証人となったでしょう。

誰に対しても謙虚で控えめ、感謝の気持ちを忘れない後輩。だからこそ、多くを説明しなくても彼女を信じて応援したいという環境ができあがっていたのです。日ごろの行いが大切だとはよく言われますが、まさにそれを見せつけられた出来事でした。

ギフト
6

礼節がある人は温かい応援を引き寄せる

公共交通機関である飛行機には、多忙を極めるビジネスパーソンや小さなお子さまを連れたご家族など、さまざまなお客さまがご搭乗になります。

機内で少しでもゆっくり休みたいと考えるビジネスパーソンと、せっかくの家族旅行だから機内でも楽しくすごしたいと考えるご家族連れ。希望が異なる人々がひとつの空間を共有するため、トラブルになってしまうこともありました。

どちらも大切なお客さまですから、バランスを保ちながら両者にとって快適な空間をつくることも乗務員の仕事です。しかし、お父さまやお母さまがいくらあやしても、ＣＡがいくら工夫しても赤ちゃんが泣きやまない……ということも多々ありました。

誰もが赤ん坊だったときがあり、泣きやまず周囲をあわてさせたことがあるはずです。みんなが寛大な心で受け入れてくれる社会が理想ではありますが、「子どもが苦手」「眠れないから静かにさせて」と思う人がいるのも無理はありません。

あいさつは先手必勝

そんななか、礼節のある態度によって周囲の応援を引き寄せた赤ちゃん連れのお母さまがいらっしゃいました。そのお母さまは席についてすぐ、近くに座っている方々へあいさつをしていたのです。

お子さまが騒いでしまったときに「うるさくてすみません」と周りに声をかけるのは、親として周囲に配慮する素晴らしい行動ですが、**あいさつは早ければ早いほうがより周囲を味方にできる**ものだと感じました。

そのお母さまの隣はビジネスパーソンらしき男性でした。お母さまは着席してすぐにその男性に言いました。

ひとつ上の言い方

「すみません、子どもがいてにぎやかになるかもしれません。なるべくご迷惑をかけないようにしますので……」

先にそのひと言があるのとないのとでは、仮に赤ちゃんが大声で泣いてしまったとき、両者の間に漂う空気感が明らかに違います。

それは、「あなたさまの大切な時間や快適な空間を邪魔することになったら申し訳ないです。そうならないように努めます」と相手を大切に想う心が伝わったからです。それは「ゆっくりすごしたい」と思っているであろう相手の気持ちに想いを寄せた礼節のある行動です。

誰しも頭では「赤ちゃんは泣くものであり、子どもはにぎやかになってしまうもの」とわかっています。

とはいえ、「だから我慢してね。だってまだ小さいんだから仕方ないでしょ？」という接し方をすると、相手の優しい気持ちは失われやすくなり、我慢の容量も小さくなります。そのように思っていないとしても、そう感じさせてしまうべきではないということです。

相手の心境を考えて声をかける行動は、そうされた相手に「子どもがいて大変ななか、こちらに配慮してくれたんだな」と感じさせ、お互いに相手を大切にする空気が生まれます。

「大丈夫、うちにも小さな子どもがいるから気にしないで」
「赤ちゃんは泣くのが仕事だからね！」
「何か手伝いましょうか？」

周囲のお客さまからこのような声を実際に聞いたこともあります。誰が正しいとか、誰が悪いということではなく、**周囲に対して礼節ある行動をとる人は、自然と周りの人の応援を引き寄せる**のです。

第2章

私が見てきた最高の礼節

ケース
1

チームに安心感とやる気を与えた機長の気づかい

礼節とは、相手を思いやる気持ちが行動として表現されたものだということはすでにお伝えしました。そのため、その場では気づかなくても、あとで「ああ、あの行動（もしくは言葉）は最高の礼節だったんだ」と思い起こされることが多々あります。

たとえば、20年ほど前の話ですが、今でも鮮明に記憶しているある機長との思い出があります。

その日は成田からアムステルダムに向かうフライトでした。出発前のミーティングで、機長から「アムステルダムの天候が悪いので、もしかするとダイバート（他の空港への着陸）するかもしれない」と聞かされました。

そのフライトは満席、かつアムステルダムから別の便へ乗り継ぎをするお客さまが多くいます。「どうしよう……きっとお客さまも混乱してしまい、質問やクレームがたくさんくるかも……」という不安がよぎりました。

しかし、機長はその不安をすぐに拭い去るように、「お客さまからクレームが出たら、いつでも連絡して！」と笑顔で伝えて、みんなを安心させてくれました。

機長は最高指揮権をもっており、本来は気安く連絡できるものではありません。そのようななかでの機長の笑顔と優しい言葉は、私たち乗務員の緊張を解くのに十分なものでした。

お客さまが全員搭乗され「さあ出発！」というとき、不運なことに部品交換のため整備が必要になったという連絡が入りました。満席で窮屈な機内、そして乗り継ぎを予定されているお客さまのイライラは募ります。

予想通り、「いつになったら飛ぶのか！」「乗り継ぎに間に合わなかったらどうしてくれるんだ！」という声が次々に飛んできます。

おわびと説明に追われつつなんとか離陸し、食事のサービスが終わると、お客さまも少し落ち着かれたようでした。

常に相手のことを優先する姿勢

ギャレーと呼ばれる厨房設備の作業スペースで片づけをしていると「おつかれさま」という声がしました。振り返ると機長が笑顔でカーテンを開けてギャレーに入ってきて、

「お客さまの様子はどう？　クレーム対応など大変ではなかった？」

と私を労ってくれました。今はなんとかみなさま落ち着いていらっしゃることを伝えながら、コーヒーを差し出しました。話を聞いている間もずっと優しい笑顔です。

そして操縦室に戻るときには、

「ありがとう！　コーヒーおいしかったよ！」と。

客室もイレギュラー対応に大忙しではありましたが、操縦室内だっていつも以上に業務が増えて大変だったはずです。それなのに、そんなことはひと言もいわずにただお客さまと乗務員のことを気にかけてくれたのです。

「それが仕事だ」と言われればそれまでですが、機長の想いに触れた私は、「このあとはどんなクレームも絶対に出すまい」と士気が上がったことを覚えています。

その後の飛行は順調で、ダイバートすることもなくアムステルダムに着陸することになりました。しかし着陸が許可されたとはいえ、天候が悪いことに変わりはありません。

少し身構えて着陸を迎えたのですが、それはそれはスムーズな着陸で、お客さまから「ナイスランディング！」という声や拍手が沸き起こったほどでした。

「また一緒に仕事をしたい」と思わせる人

出発が1時間近く遅れて離陸前の機内にはイライラムードが漂っていました。それが、12時間後には素晴らしい光景が広がったのです。

ですが、操縦室にいるコックピットクルーにはこの光景もお客さまの声も届きません。常に笑顔と優しい言葉で私たちを労ってくれた機長に、ぜひこのことを伝えたいと思った私は、空港からホテルに向かうバスで機長にこう言いました。

「すごくスムーズな着陸でしたね！　お客さまから歓声と拍手が上がりましたよ」

すると機長はこう言いました。

「今日はね、出発が遅れてみんなお客さまの対応をがんばってくれたよね。そのおかげで大きなクレームもなく済んだんだよ。そんなみんなのがんばりを、最後に僕が台無しにするわけにはいかないだろ？」

無邪気にも、「きっと喜んでもらえる！」などと思った私の何倍も上をいくキャプテンの言葉に、ただただ尊敬の気持ちしかありませんでした。

どんなメンバーとフライトしたとしても、「安全で快適なフライト」を目指すことは言うまでもありません。

しかし、「またこの人と飛びたい」**「この人の想いに応えられるようにがんばりたい」という一体感は、チームワークの質を高めます。**

機長のもつ「自分の指揮下で仕事をする者たちへの想い」が笑顔や労い、感謝の言葉となって乗務員に伝わり、最高のパフォーマンスを発揮させたのです。

立場が上であることで権力を振りかざす人もいますが、本当の意味で「人を動かす」ことができるのは、このような礼節のあるふるまいができる人なのだと気づかされました。

ケース
2

お辞儀ひとつで改革への情熱を示した稲盛会長

2010年1月、当時私が在籍していたJALが会社更生法適用を申請し経営破綻しました。連日ニュースでも大きくとり上げられた戦後最大といわれる倒産です。

多くの方にご迷惑をかけてしまい、「どのような顔をしてお客さまの前に立てばいいのだろうか」と申し訳ない気持ちを抱えてフライトする日々。厳しいご意見に対して、「ごもっともです。申し訳ございません」とおわびすることしかできない自分が情けなくもどかしい気持ちでした。

そのようななかでも、「応援しているよ。がんばって！」と声をかけてくださるお客さまもいて、その優しさに思わず涙がこぼれそうになることもありました。

再生までの歩みのなか、一社員であった私が大きな影響を受けたのは稲盛和夫会長（現・名誉会長）の存在です。２０１０年2月、周囲からは強い反対があったにもかかわらず、無報酬で会社再建という大変なお役目を引き受けて会長に就任してくださったと聞きました。

そのエピソードは、「元からこの会社にいる私たちが誰よりも本気で再生にかけないでどうするんだ」と私を強く奮起させるものでした。この他にも、稲盛会長への尊敬の念と感謝は書き尽くせないほどたくさんあります。

そのなかでもっとも心を打たれたのは、稲盛会長が訓練室にお見えになった際のことです。経営破綻から半年ほど経ったころ、私は客室教育訓練室という部署に配属になり、サービス訓練教官として毎日をすごしていました。

倒産によりこれまで訓練にかけられていた費用は削減され、訓練室のメンバーが足りないものを家からもち寄ったり、手づくりのもので代用したり……。

また、モックアップと呼ばれる機内に見立てた訓練スペースは古い体育館に設置されました。古い建物ゆえドア開閉時の音も大きく、鍵をかけるときもコツがいる「なんとかして使えるように仕上げた」というような施設でした。それでも訓練のクオリティだけは落とすまいと、みんな必死で前を向いていました。

そんなある日、稲盛会長が職場訪問として訓練室にいらっしゃることになりました。古い建物ゆえ、冷暖房の調節もままならない手づくり感あふれるモックアップの見学をされるというのです。〝経営の神様〟と呼ばれる人にお越しいただくなんて申し訳ない、というのが正直な気持ちでした。

ところが、稲盛会長はモックアップにお入りになるとき、ドアの前で深々と頭を下げて、ゆっくりとお辞儀をされたのです。私たちは経営のトップ、経営の神様と言われる人のこの姿にただならぬオーラを感じ、大きく心を動かされました。

分刻みのスケジュールで、さまざまな現場を回っておられたはずです。そのような状況でも、**私たちが情熱を注ぐ場所に敬意を表してくださった——。それが何より嬉**

しく、心を打たれたのです。

背筋がシャンと伸び、形としても美しいお辞儀でしたが、その形以上に私たちへの想いを感じ取ることができました。

「経営の神様」が見せてくれた最高の礼節

訓練では、それまでのカリキュラムに加えて、「JALフィロソフィ」と呼ばれる行動規範を授業に取り入れていました。これは経営破綻から1年経った2011年1月に発表されたもので、稲盛会長の教えのもと、全社員の意識改革のためにつくられた〝JALで働く人の哲学〟です。

新人、既存社員を問わず、このフィロソフィの浸透を図ることも我々教官のミッションでした。

・人間として何が正しいかで判断する
・美しい心をもつ
・本音でぶつかれ
・率先垂範する

「JALフィロソフィ」から一部抜粋（日本航空ウェブサイトより）

どれもこれも大好きな言葉であり、多くが今でも私の人生の指標となっています。しかし、これも言葉として受け取るだけでなく、実践してこそ価値あるものになります。稲盛会長が私たちに見せてくださったお姿は、形としてはお辞儀ということになりますが、その根底にあるのは美しい心や私たちへの敬意でした。

それは「この人についていこう」「必ずやり遂げる」という気持ちに火をつけました。**部下に対して礼節をもって接するリーダーが強い牽引力や影響力をもっているの**は、このような理由からなのだと実感しました。

お辞儀の形や角度ばかりをとり上げて正解、不正解を語るマナー講師もいるようですが、大切なのはお辞儀という形を通じて相手に「想い、心」を伝えることです。

苦境に立たされているなかで、経営の神様と呼ばれる人が私たちに最高の礼節を見せてくれたことは大きな励みになりました。

本物の礼節は相手の心にいつまでも残り、言葉にできない感情を抱かせる力をもっているのです。

ケース
3

部下にもキッパリと謝罪をした上司の姿勢

自分に落ち度があったとき、素直に「ごめんなさい」と言える人は意外に多くありません。小さな事柄であればまだしも、問題がこじれてしまったり相手が目下だったりするときはどうでしょう。ハードルが上がってしまい、なかなか非を認められなかったという経験はありませんか？

私は学生時代、フェンシング部に所属していました。上下関係の厳しい体育会だったので、後輩は時に理不尽な要求を受け入れざるを得ないこともありました。そのような環境でも、後輩に対してきちんと謝罪ができる先輩はいて、そういう人は尊敬されたものです。

素直に謝罪することを「相手に屈した」「負けた」と考え、頑なに非を認めない人もいるようですが、それで得られることは何もありません。むしろ、失うもののほうが多いのではないかと思います。

相手が目下でもきちんと謝罪ができる人は、年齢や身分ではなく、問題の本質を見きわめたうえでの行動ができます。相手を大切に扱うこと、つまり、礼節をもって接する人であるからこそ、心地よい信頼関係が生まれるのです。

人としての誠実さが問われる

社会人として働くようになったＪＡＬも、上下関係に重きを置くところでした。あるフライト後のミーティングでのこと。私よりもかなり年上の先輩が意見を言いました。当時、会社は倒産後のとても厳しい状況にありました。個人として何を思うのも自由ですが、現状を踏まえるとどうしてもその先輩の意見に賛同できず、「今はそんなことを言っている場合ではないと思います」と私は異を唱えました。口にした言葉は本心でしたが、年上の先輩に異論を突き付けたことに胸はドキドキしていました。

ミーティングが終わったあと、私は上司から呼ばれました。「あなたはどうしたかったのですか？　あの場所で言っても何も解決しないでしょ」と注意を受けたのです。勇気をもって発言したことを悔やみ、「もう何も言うまい」という沈んだ気持ちになりました。

それから数日後、その上司と一緒にフライトしたときのことです。ギャレーで二人きりになったとき、私に注意した上司はこう言いました。

「七條さん、この間はごめんなさい。ずっと考えていたんだけれど、私が間違ってた。あなたの言う通りだよ。あれは、私が言わなければいけないことだったよね」

注意を受けたことでモヤモヤした想いを抱えていましたが、上司もまた同じような気持ちでいてくれたのだと知ることができたのです。上司からの謝罪は、部下の一人として大切にされていると感じる言葉でもありました。

上司からの思いがけない謝罪にとても驚いたと同時に、場の空気も読まずに発言した自分自身の未熟さを反省しました。

自分の非を認めるのは簡単なことではありません。ましてや、相手が目下の場合はプライドが邪魔をします。また、非を認めることで責任が問われる場面ではより困難になります。世の中には自分の過失を平気で他者のせいにする人が大勢いることはご存じの通りです。

そのような人が多いからこそ、**まっすぐに自分の非を認め、素直に謝罪できる人が支持され信頼されます。**一時的には非難されることがあっても、人としての誠実さの方が次第に明らかになっていくはずだからです。

ケース

4

機内で倒れた大企業副社長からの手紙

機内は日常とは異なる環境下にあるため、お客さまが急な体調不良に見舞われることがあります。旅の疲れや気圧でお酒が回りやすいなど理由はさまざまですが、そのような場合に応急手当ができるよう乗務員は訓練を受けています。

私たちにとってはごく当たり前の対応にすぎなかったにもかかわらず、その応急手当に対してとても丁寧に感謝の気持ちを伝えてくださったお客さまがいました。
その方は誰でも知っているような会社の副社長で、今でもそのお客さまの会社名を見るたびに当時のことを思い出します。

その日はホノルルから成田に向かうフライトで、私はファーストクラスを担当。お客さまのなかに、ご自身でもち込まれた日本酒を食事とともに召し上がっている方がいました。静かに自分のペースで少しずつ楽しんでおられて、はたから見ていて心配になるような飲み方ではありませんでした。

ところが、そのお客さまが席を立って化粧室に向かう途中、突然崩れるように倒れてしまったのです。頭を強くぶつけたり意識を失ったりすることはありませんでしたが、顔面蒼白でした。脈拍や呼吸の様子を確認しつつ、回復するまで横になって安静にしていただきました。しばらく付き添っていると顔色もよくなり、歩いて席までお戻りになりました。

その後、お客さまは目を閉じてお休みになりましたが、万が一にも呼吸が止まってしまってはいないか、とても心配でした。

胸の動きで呼吸を確認することが難しかったため、呼気を感じようとお客さまに近づいたのですが、顔に触れてしまい、せっかくお休みだったお客さまを起こしてしまったのです。余計なことをしてしまったと、申し訳ない気持ちでいっぱいでした。

成田に到着後、オフィスに戻るや否や上司から呼ばれました。きっとお休みだったのを邪魔してしまったことで、お叱りの電話でもあったに違いないと、冷や汗をかきながら上司のもとに行きました。すると、

「機内で倒れた○○様からお礼の電話がありました。おかげさまでこのあとの会議にも出られそうだとおっしゃっていましたよ！」

とのこと。冷や汗が一瞬で引きました。

それと同時に、わざわざお礼の電話をくださったこと、そして、予定通り会議に出席できるまで回復されたことに対して喜びの気持ちがわき上がってきました。

私がとった応急手当はけっして特別なことではなく、乗務員であれば誰もが同じ行動をしたはずです。ただでさえご多忙な方なのに、時間を割いてご連絡いただいたことに頭の下がる思いでした。

さらに、数日後には私あてにそのお客さまから自筆の手紙とお礼の品が届きました。

そのお客さまと機内で再会することはありませんでしたが、多忙を極めるなかでもしっかり感謝の気持ちを伝えることで礼節を表し、心を動かされたことはいつまでも私の記憶に残っています。

ケース

5

組織トップが見せた真摯に話を聞く姿

現在、私は研修講師として活動しており、その仕事柄いろいろな組織のトップや人事、教育担当チームの方にお会いする機会があります。多くの方はその立場にふさわしい礼儀正しさを備えており、さすがだなと感じ入ることが多いです。

「実るほど頭《こうべ》を垂れる稲穂かな」という言葉がありますが、ある組織の会長だったその男性は、まさにこの言葉がぴったり当てはまる方でした。

当時の私は研修講師として独立してからまだ2年ほどで、現在のように本の出版もしていません。私にとっては規模も金額もかなり大きな研修であり、紹介者である知人の顔に泥を塗ってはいけないというプレッシャーもありました。

そんな駆け出しの講師に対しても、その方は礼節をもって向き合ってくれたのです。

研修開始前に応接室に通され、初めて会長にお目にかかりました。70歳を超えてなお仏教を通じて学びを深めていらっしゃることや、人材育成についてのお考えをうかがうことができました。

私が持参した小冊子をお渡しすると興味深そうにめくってくださり、関心をもっていただけたことがとても嬉しかったのを覚えています。その冊子は私が自費で作成した販促用のもので、想いの丈をぶつけた粗削りな文章で書かれていたにもかかわらずです。

比較してはいけないかもしれませんが、組織のトップでありながら部下の成長や考え、研修内容やそれを実施する講師に対して無関心な人もいます。そう見えるだけであればいいのですが、特別な事情でもない限り、**想いは言葉や行動に表れる**と私は思っています。

会長は、年齢や立場に甘んじることなく自分自身も学び続け、部下にも興味と関心がおありのようでした。**愛情なくして相手に対しての興味や関心は成立しません。**講師として新人の私に対しても「お手並み拝見」という態度ではなく、「信頼してお任せします」という心を感じる誠実な対応をしてくださったのです。

誰の話にも価値があるという姿勢

研修が始まると会長は一番後ろの席につかれました。登壇している私からは、前に座っている人だけでなく後ろにいる人の様子もよく見えます。

誰が集中して聞いているか、誰が眠そうになってきたか、受講者の理解度はどんなものか。常にアンテナを張りめぐらせ、みんなの反応を確認しながら進めていきます。

見学のために最後列にいらっしゃる会長はといえば、先ほど渡した小冊子を広げ、しきりにメモをとりながら話を聞いておられました。その様子は見学という軽いものではなく、誰よりも真剣に見えまし

た。受講者の一員か、ひょっとするとそれ以上だったかもしれません。

もし逆の立場だったら、私はこんなに素直に貪欲に学ぼうとしただろうか——。年齢も立場も学びの深さもすべてが私より上の方のこの態度に、我が身を振り返らざるを得ませんでした。

- 年齢や立場にあぐらをかくことなく、相手を認め素直に学ぶ姿勢
- 相手が誰であっても誠実に対応する姿

頭ではこれらが大切だとわかっていても、つい忘れてしまうのが私たち人間です。この会長との出会いを通じて、「実るほど頭を垂れる稲穂かな」を忘れることなく精進したいと思ったのでした。

経営陣の方の話によると、この会長が就任されてから組織の風向きがよい方向に変わったのを肌で感じるとのことです。**礼節ある人がトップに立つと、チームにとって**

プラスの影響を及ぼすことができる。このことを確信できた出来事でした。

「しないこと」もひとつの礼節

「相手に敬意を払う」ということを形で表すとき、わかりやすいのは敬語を使うことです。しかし、敬語さえ使っていればそれでいいというものでもありません。

ここでは「きちんとする」ではなく、**「あえてしないこと」でさらなる礼節を表せる**ということをお伝えしていきます。

これについて研修などで伝えるときは、フライト中の接客の場面を例に説明します。

フライトでは、乗務員は安全上の理由からお客さまにさまざまなご協力をお願いすることがあります。飛行機の離着陸時を例にとると、手荷物の収納に関することもそのひとつです。

「本日はご搭乗ありがとうございます。恐れ入りますが、安全上の理由により離着陸時はお手荷物を上の棚、または前の座席の下にお入れいただけますでしょうか？」

これは、ご利用への感謝の言葉やクッション言葉も入っていて、依頼の形をとったお願いになっています。お客さまへのアプローチ方法としても、敬語の使い方も「形としては」まったく問題ありません。

しかし、そのような**非の打ちどころがない文言も、状況によっては相手を不快にさせてしまうことがある**のです。それはどのようなときでしょう？

飛行機をあまりご利用にならないお客さまの場合、そのような安全上のルールがあることをご存じないケースがよくあります。ですから、きちんと理由を説明し、どのような協力が必要かを伝えることで納得していただくことができます。

つまり、先ほどのフレーズがふさわしいことになります。

では、飛行機をよく利用されているお客さまの場合はどうでしょう。ハードスケジュールをこなすビジネスパーソンのなかには、月に何度も飛行機を利用される方も大勢いらっしゃいます。そのような方に、

「安全上の理由により離着陸時はお手荷物を上の棚、または前の座席の下にお入れいただけますでしょうか？」

などと声をかけたら、

「言われなくてもわかってる」

「今やろうと思ってたのに」

「何度も飛行機に乗っているんだから知ってるよ！」

というような気持ちになる方もきっと少なくないはずです。

言葉や態度には出すことはなくても、接客のプロとしては、せっかくご利用いただいたお客さまの心をモヤモヤさせてしまうのは避けたいところです。

だからといって、保安上のルールをないがしろにしていいわけではありません。目的は「安全上のルールを守って運航すること」であり、形にとらわれた文言を伝えるのが目的ではないのです。

相手に恥をかかせない気づかいも必要

このようなとき、私はお客さまの様子から飛行機に乗り慣れていらっしゃるかどうかを判断し、すでにルールをご存じであるようなら、

ひとつ上の言い方

「いつもご搭乗いただきありがとうございます。まもなく……」

と声をかけて様子を見るようにしていました。すると、

「あ、もう離陸する？　じゃあ、荷物を上の棚にお願いしていいかな？」

というようなお答えが返ってくることが多かったものです。もし荷物について何も反応がなければ、先ほどの説明とお願いをします。

「知らなかったわけではなく、あとでちゃんとやろうと思っていたのに注意された」

こちらのお願いを注意であるかのように感じて、さらには恥をかかされたような気持ちにさせてしまうのは残念なことです。伝えた側にそんなつもりはなかったとしても、人の心は繊細です。

このように、**たとえ正しい敬語を使っていたとしても、その言葉を受け取る相手の状況や気持ちが置き去りになると、「何も見ていないし、わかってもらえない」という印象になります。**

相手に恥をかかせないための配慮として、「あえて言わない」「あえてすべてを説明せずに気づいていただく」ということも時には必要になります。

心を伝えるための礼節とは、「正しい敬語を使った正しい説明」に固執することなく、相手に気持ちよくすごしていただくことを目的としているのです。

先入観をもったり決めつけたりしない

接客マナーやコミュニケーションにおいて、「気づく」というのはとても大切なことです。私はこれを察知力という言葉で説明していますが、別の言い方をするなら、「想像力」や「寄り添う力」となるでしょう。

声に出して「〇〇をしてください」とお願いしなくても、状況や様子で気づいてもらえるというのは、自分のことをしっかり見てもらえている証拠です。もちろん、落ち着かないほどジロジロ観察されるのは居心地が悪いですが、**「さりげなく」気づいてもらえると、大切に扱われたと感じる**ものです。

ただ、せっかくの「気づき」も表現の仕方によっては相手に好意が伝わらず、残念な結果になることがあります。

何度もお伝えしていますが、礼節とは、心を形で表したもの。「気づき」という相手への想いを、どのような形で表せば最高の礼節になるのか見ていきましょう。

多くの人は、決めつけられることやコントロールされることを嫌います。

たとえば、お客さまに必要だと思ったものを提供するときでも、「〇〇がご入り用ですよね？」「〇〇で間違いないですよね？」という伝え方にはリスクが伴います。

その予測が合っていれば別ですが、少しでもずれがあると、

「よくわかっていないくせに決めつけられた」

「他のものがよかったのに言い出しにくかった」

という小さな不満が生まれてしまいます。

ですから、高い確率で当たっていると思うときでも、

ひとつ上の言い方

「〇〇はいかがでしょうか？」
「〇〇になさいますか？」

というような、決めつけのない質問、確認というスタイルがおすすめです。

選択を相手に委ねる聞き方を

ひとつ例をあげましょう。いつもお店にくるとブラックコーヒーを注文されるお客さまがいるとします。お店の人は「あのお客さまは、いつもブラックコーヒーを注文する」と気づいていました。その気づきを生かすため「コーヒー」とだけ注文したお客さまに、あえてミルクや砂糖をつけずにブラックコーヒーを出しました。

それは「いつもご利用いただいていることに気づいていますよ。私たちはあなたの好みも把握していますよ」という個別感を演出してのことでした。つまり、感謝や善意の気持ちがそこにあります。

さて、もしもあなたがこのお客さまだったとしたら、どのように感じますか？

お店のスタッフさんの心づかいや、その他大勢ではなく「個」としての扱いを受けたことに喜びを感じるでしょうか。おそらく、ほとんどの人が「気がきくな」と感じたり、喜びまではいかずとも不快感をもったりすることは少ないと思います。

ところが、人の気持ちはさまざまなもので、このようなサービスをされたとき、

「聞きもしないで決めつけられた」

「いつも同じものを頼むわけではないのに」

「今日は甘いコーヒーがよかったのに」

と感じる人もいるのです。

「気づく」というのは素晴らしいことですが、表現の仕方によってはせっかくの心づ

かいが伝わらないことにもなります。このような場合には、

ひとつ上の言い方

「本日もブラックコーヒーを召し上がりますか？」

と質問、確認することで、「気づき」を感じさせる伝え方がいいでしょう。

選択を相手に委ねているので、「今日は他のものがいい」という場合、相手は気軽に「ノー」と言うこともできるのです。

せっかくこれまでの情報や想像力を働かせて気づきを得たとしても、「思い込み」や「決めつけ」でそれが台無しになるのはもったいないことですよね。

「提案はしますが、決めるのはあなたですよ」というような形であれば、誰も不快にすることなく日ごろの感謝や善意をしっかり伝えられます。

少し細かいことではありますが、先入観や決めつけで不快な思いをさせていない

か、思い返してみてください。

礼節のある人は〝当たり前の基準〟が高い

お客さまのなかには、ときどき次のようなひと言を添えてくださる方がいらっしゃいます。

ひとつ上の言い方

「あとでいいからね」

たとえば食事のサービスが終わり機内販売を開始したときに、「すみません。コーヒーのおかわりもらえますか？　あとでいいですので」とか、「日経新聞あるかな？

あ、あとでいいからね！」というような感じです。

保安上の理由でサービスができない時間を除いて、お客さまはいつでも乗務員に必要なものを頼んでいいのです。そのご要望に応えることがＣＡの仕事です。

それでも、「あとでいいからね」という言葉を耳にすると、どことなく心がホッとして温かい気持ちになったことを覚えています。そのひと言で、忙しく動き回る乗務員に想いを寄せてくださっていることや、他にもお客さまがいることをご理解いただいている心づかいを感じ取ることができました。

このようなお客さまは、**乗務員だけに心づかいをしているわけではない**のです。例をあげると、共同でお使いいただく荷物用の棚の使い方もそうです。「自分の荷物が入ればそれでいい」ではなく、「他の人も荷物を収納するであろう」「あとに乗ってくる人が入れやすいように」という配慮を感じる収納の仕方をしてくれます。

また、時にトラブルにもなる座席のリクライニング。後ろに座っているお客さまのことなどまったく気にせず、無言でいきなり大きく背もたれを倒すことはしません。「倒していいですか？」「すみません」と声をかけたり、声はかけずとも後ろの様子を気にかけながら、ほどよい角度を保たれたりします。

特に意識することもなく、「当たり前の行動」としてこうした礼節を身につけているのです。

いつでもどこでも誰に対しても

安全で快適なフライトを遂行することを使命とする乗務員にとって、周囲のお客さまへのご配慮は非常にありがたいことでした。

二度と会うことがない人に対しても、「自分さえよければ」ではなく、**利他の心で接することができる人は、はたからその様子を見ているだけで心が洗われます。**

「それくらいの気づかいや公共の場所でのふるまいは当たり前のことじゃない？」と感じる方が多いかもしれませんが、当たり前の基準は人それぞれです。

いつでもどこでも誰にでも自然な気づかいができる「当たり前の基準が高い人」。そのような素敵なお客さまとの出会いによって、私自身も「当たり前の基準を高めたい」と気持ちを新たにしたのでした。

第3章

礼節を表現する具体的な方法

礼節以前のあいさつの基本

あいさつが大切だということは、ほとんどの人が幼いころから聞かされていることでしょう。そしてあいさつは、礼節を表現するための〝最初の一歩〟だとも言えます。
しかしながら、実際にあいさつを正しく実践できている人はどれくらいいるでしょうか。**あいさつの大切さという知識から意識、意識から行動に移さなければその効果は得られません。**

また、あいさつは単に音を発しているだけではありません。相手への敬意や承認を表す心が言葉やお辞儀という形になったものです。それを理解していなければ、せっかくのあいさつも本来の意味をなさないものになってしまいます。

ここではあいさつの意味や、礼節を表現するための心が伴ったあいさつについて考えていきます。

心が伴わないあいさつの悪い例が、〝相手に言われたときしかしないあいさつ〟です。あいさつ運動、あいさつ週間などのときには張り切ってあいさつをするものの、それ以外のときは自分からはしない、相手がしてきたらこちらも返すという人です。

また、講演や研修のときに「本日講師を務めます七條と申します。よろしくお願いいたします」とごあいさつをしても、「今日の先生？」と唐突に確認されたり、「こんにちは」の言葉もなく「担当者を呼んできます」と言ってその場をあとにしたりする人も少なくありません。

たったひと言、「こんにちは」「おはようございます」「よろしくお願いします」があるだけで印象はまったく違ってくるのに、もったいないと感じてしまいます。

いつでもどこでも誰にでも、自らあいさつをする人はとても感じのよいものです。

人は誰かに認めてもらいたい生き物。自分への承認と敬意を、「あいさつ」という形で真っ先に伝えてくれる人の印象がいいのは自然なことです。

あいさつのトーンを合わせる

早朝便をご利用のお客さまを迎えるときは、爽やかな笑顔であいさつするとともに、声のトーンに一番気をつけていました。

ビジネスパーソンのお客さまが多い早朝便では、日ごろの仕事の疲れが解消されないまま早起きをされている方が多いためか、機内では着席してすぐに目を閉じて少しでも長く眠りたいという方もいらっしゃいます。

そんな状況で乗務員が次々に、何度も元気よく「おはようございます!」とあいさつすれば、お休みになりたいお客さまの貴重な時間を奪うことになります。

声のトーンを落としてごあいさつをするか、目を合わせて会釈し、目で歓迎の気持ちを伝えるようにしていました。

これと同じことを、実は幼稚園児も理解し実践していました。幼稚園児に向けたマナー教室でのこと。あいさつは元気よく大きな声でするのがいいという前提で質問をしてみたのです。

「みんなが幼稚園から帰ると、お父さんがソファーで眠っていました。そんなとき、みんなは大きな声で元気よく『パパ、ただいまー！』とあいさつをしますか？」

するとみんな「しなーい！」の大合唱。さらに「どうして？　あいさつは大きな声で元気よくするんじゃないの？」と聞いてみると、

「だって、パパが寝てるのにかわいそうだから！」

「パパは疲れてるから、寝かせてあげたいから！」

と口々に言うではありませんか。

その優しさと、一生懸命考えて発言する姿がたまらなくかわいかったのを覚えています。「あいさつとは、相手あってのもの」「相手の状況に合わせてするもの」という

大前提を、子どもたちでもちゃんと理解していたのです。

マニュアル通りのあいさつ、事務的な大声でのあいさつが心に響かないのは、「相手あってこそ」の視点が抜けているからです。

あいさつの〝線引き〟をしない

上司や先輩やお客さまにはしっかりあいさつをするのに、オフィスの守衛さんや清掃スタッフなどにはあいさつをしない、という人もいます。

自分にとって利害関係のある人でなければあいさつしても意味がない、とでもいうような態度で**あいさつの線引きをしている人には、そこに〝利己の心〟が見え隠れしてしまいます。**

これも乗務員をしていたときのこと。私がフライト前に化粧室に立ち寄ったとき、居合わせた乗務員に「おはようございます」と声をかけました。すると一人の女性はこちらを見ることもなく、顎を突き出すような会釈をしただけでした。

支度を終えてオフィスに行くと、「七條さん、本日ご一緒する〇〇と申します。よろしくお願いいたします！」と満面の笑みであいさつをされました。

よく見ると先ほど化粧室で会った彼女。リストを見て私のほうが先輩であることを知ったのか、まるで別人のようでした。自己保身のあいさつに徹しているように見えてしまったというのが正直な気持ちです。

自分にとっての利害関係で態度を変える人には、心の美しさを感じません。**誰に対しても線引きをすることなく相手を尊重し、大切に思う美しい心。その美しさは周りにいる人を魅了します。**

礼節のある人は、「あいさつ」という言葉や動作を通じて、相手への気持ちを表しているのです。

身だしなみは「あなたのために時間と手間をかけました」というメッセージ

接客マナーにおいても、身だしなみは重要な要素として位置づけられています。ビジネスマナー研修などで、「オシャレは自分のため、身だしなみは相手のため」という言葉を耳にした人がいるかもしれません。

なぜ、こうも「身だしなみが大切」と言われるのかといえば、**身だしなみを整えることが相手への礼節につながる**からです。見た目の印象、身だしなみがなぜ相手に礼節を感じさせるのか、順を追って説明していきます。

当然のことながら、人を見た目だけで判断するのはほめられたことではありませんし、いくら外見がよくても中身が伴っていなければ困ります。

しかし、特に初対面において、「この人はいったいどんな人なのだろうか？」と判断する材料は、視覚から得られる情報によって大きく左右されます。

以前、たまたま見つけた動画にこのようなものがありました。ビジネススーツを着た男性が人通りの多い道で、突然苦しそうにバタンと倒れます。周りの人は驚きつつもそばに駆け寄り、彼を助けようとしました。

しかし、同じ男性が同じシチュエーションでバックパッカーのような格好をして道に倒れたところ、2回目は誰も助けてくれません。歩くスピードを落とし、心配そうに様子を見る人はいたものの、結果的にはみんな立ち去ってしまうのでした。

このことは、**服装を含めた身だしなみは相手を判断する大きな要素であり、それによってとられる対応が変わってくる**という現実を教えてくれます。

「この人はどんな人なのだろうか？」

「かかわりをもって大丈夫だろうか？」

「自分に敬意をもって接してくれる人だろうか？」

「たかが外見でしょ」などと侮ることは絶対にできません。

また、**相手のために姿を整えることで、語らずとも「相手への敬意や誠実さ」を伝えています。**身だしなみを整えるにはそれなりの準備や時間が必要になるからです。

近所のコンビニにちょっと買いものに行くときの支度と、大切な人に会うときの支度は、方法もそこにかける時間も違いますよね。

つまり、手入れが行き届いている、きちんとしている姿は、「会うために時間をかけて準備をしてきたこと」「あなたに会う時間は私にとって大切な時間」という想いを感じさせることができるのです。

見る人に違和感や不快感をもたせない配慮

「ありのままでいい」「常識を疑え！」というような言葉とともに、ルールやマナーに縛られたくないとする人が増えてきたように感じます。

しかし、それらの本来の意味は「自分らしく生きる」「新しい価値観の創造」であって、傍若無人にふるまうということではないはずです。

「TPOをわきまえる」とよく言いますが、礼儀正しい人はまさにこれが身についている人です。ルールやマナーを堅苦しいことだと感じる人もいるかもしれませんが、私たちは無人島で生きているわけではありません。

プライベートな空間ではなく、「自分以外にも誰かがいる」というところでは、やはり他人に不快感や違和感をもたせない配慮が必要になります。

礼節のある人は、けっして古い価値観やルールに縛られているわけではなく、周りとの調和を大切にしているのです。たとえば、TPOに沿っているかどうか微妙な著名人の服装について、ニュースやネットで話題になることがあります。

周囲の目を気にして委縮するのはつまらないことですが、わざわざ火種をつくらないという選択もあります。それは自己保身を隠れ蓑にした調和ではなく、**周りにいる人を不快にしない、違和感を与えない、無駄なトラブルを避けるという心づかい**です。

そのような想いが「TPOをわきまえた行動」や「整えられた身だしなみ」という

形で表れているのです。

知らずにやっていませんか？誤解を招く態度や表情

特別な理由がない限り、誰しも相手を不愉快な気持ちにさせようとは思わないはずです。ましてや相手が上司や先輩、お客さまの場合には、気心の知れた家族や友達以上に気を使うでしょう。

それにもかかわらず、接客スタッフがお客さまからクレームをもらったり、上司や先輩からふるまいについて指導を受けたりすることがあります。

お恥ずかしい話ですが、私もフライト経験で一度だけ名指しでクレームをもらったことがあります。相手は片言の英語しかお話しにならない外国人のお客さま。

フライトから数日後、私は上司に呼ばれ、「七條というＣＡにペンを頼んだらもってきてくれたけどイヤそうだった」というクレームがきていることを聞かされました。

「えー、なんで⁉　きちんと対応したはずなのに……」とショックを受けました。

しかし、接客においてはお客さまが感じたことがすべて。

言葉が通じにくい状況のなかで私の困惑した表情やジェスチャーは「不愉快」なものに映ったのでした。落ち込む私に、上司は次のように声をかけてくれました。

「自分が思う以上に表情や態度は見られています。いい勉強をしたと思いましょう」

「**相手にどう見られるかがすべて**」ということを痛いほど思い知った経験でした。

自分では気づかない怖さ

研修や講演でいろいろな方とお会いすると、悪気はないのだろうと頭ではわかりつつも、次のページのイラストのような気になるふるまいを見かけることがよくあります。

相手を不快にさせるふるまい

ポケットに手を突っ込んだままのあいさつ
もらったものの上にペットボトルを置く
人の顔に向かって指をさす
ノックもせずに控え室に入ってくる

こうしてみると、「このような所作や態度はよくないな」と感じるものばかりですが、誰一人として悪意などありません。この場面以外では、私に対する敬意や歓迎する意向を感じることもできました。

しかし恐ろしいのは、このような態度やふるまいが無意識であるということです。そうなると、せっかくの歓迎や感謝の気持ちは相手に伝わりません。常に「相手から見た自分」を意識して、気づかないうちに相手を不快にさせていないか十分に注意しましょう。

信頼関係ができるまでは慎重に

万が一、初対面で失礼があったとしても、時間やチャンスがあれば汚名返上、名誉挽回できる可能性はあります。ところが、それは想像以上に難しいというのが現実です。**第一印象は相手の心に根強く残るため、一度閉ざされてしまった心を開くにはそれなりの努力を要します。**

だからこそ、信頼関係ができるまでは「心」を伝えるための所作、態度、表情には慎重になってほしいのです。

敬意や品がないと感じさせるふるまい

- 肘をつく
- 足を組む
- 片手でものを渡す

・大きな音を立てる
・口に手を当てずに大きな口を開けてあくびをする

もちろん、海外など文化の異なるところでは受け止め方が変わることもありますが、自分が信頼関係を築きたいと思っている相手はどうかということが大切です。

時折、初対面の相手でもカジュアルな態度ですっかり打ち解け、いい意味で自分のペースに巻き込んで自分のファンにしてしまう魅力的な人を見かけます。

ですが、私がおすすめするのは「最初は冒険せず、慎重に」という態度です。

初めて会った人の「心地よいと感じる距離」を知るのは難しいものです。自分では「親しみやすさ」をアピールしたつもりでも、相手は「なれなれしい」と感じるかもしれません。

親しみやすさとなれなれしさは似て非なるもの。いきなり相手のパーソナルスペースに土足で踏み込むと、相手は距離を置きたがります。

相手を尊重し、反応やペースに合わせながら少しずつ距離を縮めていくことで、「大切な存在として扱われている」と感じてもらえます。

「そんなつもりはなかったのに……」と後悔しないためにも、相手への想いや心を誤解のないように伝えるためにも、礼儀正しい所作、態度、表情に気をつけましょう。心だけでは誤解を招くこともあります。形もおろそかにしないことが大切です。

「相手の目を見て話を聞く」は標準装備

「話を聞くときは相手の目を見る」。これもよく言われることです。しかし、これはただ単に「目を合わせること」が目的ではありません。

聞く態度を通じて話をしている相手に安心感を与え、「あなたの話をしっかり聞いていますよ」という姿勢で敬意や承認を伝える役割を担っています。

二人きりの対面で話すときは「聞き方」を意識している人が多い気がしますが、複数名で会話するときはどうでしょう。

その他大勢の一人になることで、話をしている相手に対する礼節が欠けてしまってはいないでしょうか。

研修や講演中に受講者同士でディスカッションをしてもらうことがありますが、そのときに礼節があるかないかが大きく影響します。お互いに「はじめまして」の相手だからこそ、相互の敬意や協調性がよりはっきり見えていないと、ディスカッションは順調に進みません。

いい雰囲気が感じられるペアやチームの特徴は、誰かが話しているとき、周りがきちんとその人にフォーカス（注目）していることです。

顔を向ける、体を向ける、目を合わせる

具体的には、話している人の目を見ている、顔を上げて聞いている、隣に座っているときでも少し体を相手に向ける、相づちを打つ、うなずくなどの反応です。

反対に、まったく話が進まずどんよりとした空気が漂っているチームには、誰かが話していても他人事のように無関心な態度で座っている人がいます。

もしかすると、「人見知りである」「シャイである」などの理由があってのことかもしれませんが、初対面の人がそんな事情を知ることはできません。

このような誤解からコミュニケーションにずれが生じてしまうのは残念なことです。**顔や体を相手に向けて話を聞くだけでも、相手が受ける印象は大きく変わってきます。**

目を見て話を聞く際にひとつだけ気をつけてほしいのが、目には感情が出やすいということ。こちらの視線に好意や敬意、心からの感謝などの想いが込められていればいいですが、警戒、不安、侮蔑などのマイナスな感情がある場合には、それがそのまま伝わってしまいます。

形としてのアイコンタクトではなく、そこにどんな気持ちを込めるのかを忘れないようにしてください。

アイコンタクトで得られる情報は意外に多い

逆に言うと、相手が実際に言っていることと心で思っていることが異なるケースでは、アイコンタクトによって本当の気持ちを知ることができます。

簡単な例で言えば、CAのドリンクサービスにおける「おかわりはいかがでしょうか？」に対する反応があります。「もういいです」と答えるお客さまのなかには、本当にいらないと思っている方と、遠慮してそうお答えになる方がいらっしゃいます。

答えるまでの間や声のトーンからでも察することはできますが、「目は口ほどにものを言う」です。お客さまの目に迷いを感じたなら、「まだ時間もございますが、よろしいですか？」と再度うかがうと、「やっぱりもらおうかな！」とニッコリ笑って本当のご要望を伝えてくださることもよくありました。

目を見て相手の本音を確認するというのは、クレーム対応においても役立ちます。**自分の本当の気持ちに気づいて理解を示してくれる人、共感してくれる人に対しては、相手も次第に心を開いてくれる**からです。

日ごろから目を見て意思確認する習慣を身につけておけば、相手の心の動きに敏感でいることができます。その動きを知ることで想像力が育まれ、心づかい、気づかいができる人になるのです。

笑顔には「足し算」と「引き算」がある

表情が人に与える印象はとても大きいものです。イキイキとした表情には周りまで明るく照らす力がありますし、覇気のない表情の人の場合、そばにいるだけでネガティブなオーラを感じます。

これまでも説明してきた通り、人は人をまず見た目で判断します。CAは訓練のなかで表情についても指導を受けますが、それは第一印象でお客さまへの感謝、歓迎、敬意という形のない想いを語らずとも感じていただくためです。特に飛行時間の短い路線では、お客さまと接する時間はほんのわずか。ひと目で、

「今日のCAはなんだかとても感じがいいな。このフライトにしてよかった」

という気持ちを抱いてもらうために、身だしなみや表情を大切にしています。


「感じのよい表情」といえば、もちろん笑顔です。

しかし、その笑顔にもTPOがあります。相手や場所によって品のある笑顔がふさわしいのか、はたまた親しみやすさを押し出した屈託のない笑顔のほうが好まれるのかは異なります。

笑顔を使い分けるという意味では、スキルやテクニックに分類されるかもしれませんが、根底にあるのは**「相手あってこそ」の視点**です。場所や相手に配慮し、違和感

を覚えることのない自然な笑顔は、相手を想う心そのものだとも言えます。

笑顔の足し算、引き算が必要な人

自分ではまったくそのつもりがないにもかかわらず、「怒ってる?」と言われたり、本音で話せるようになってから「最初は怖い人だと思った」「冷たそうに見えた」と言われたりしたことがある、という方もいるでしょう。

そういう方は、次のことに気をつけるようにしてください。

感じのいい表情のポイント

- いつも口角を上げるようにする
- 目に優しさを乗せるイメージをもつ
- 表情筋を意識して話す(しっかり口を動かすことを意識して話すだけで、イキイキとした表情になります!)

冷たく見えてしまう表情の人は、秘めた想いがあったとしてもその心が伝わりづらく、非常にもったいなく感じることがあります。

反対に、「笑顔の引き算」をしたほうが自然なのでは、と感じる人をお見かけすることもあります。

「いつでも笑顔を絶やさない」という心がけ自体は素晴らしいものですが、**相手から完全なる「つくり笑い」と見られてしまうようだと、それもまた残念な印象になってしまう**のです。

マナー講師として独立したばかりのころ、ある女性講師に出会いました。この方は常に笑顔だったものの、私はどことなく違和感をもちました。こちらが何をしても何を言っても表情にまったく変化がなく、常に満面の笑みなのです。

本来であれば、相手とのコミュニケーションのなかで状況に即した反応があるはずです。しかし、相手や状況にかかわらず常に笑顔だと、「相手不在の笑顔」に見えてしまうのです。

もちろん、笑っていないよりは笑っているほうがいいことは間違いありません。ですが、過剰な笑顔はお客さまを引かせてしまいます。

笑顔一辺倒の人は、普段は笑顔というよりも「柔らかい表情」をイメージするといいでしょう。そして、対応中にお客さまとの会話が弾んだときには、満面の笑みでお客さまを魅了するのです。**状況に合わせたメリハリをつける**ことで、相手が不自然に感じるようなことはなくなります。

笑顔というのは表面的なことではなく、心を伝えるための大切な手段です。誤解を招いたり、不自然さを残したりすることなく、「相手あってこその自然な笑顔」でしっかり心を伝えたいものですね。

書いたものを他人に読んでもらうときの礼節

コミュニケーションは対面だけでなく、電話やメール、メッセージなど顔が見えないツールでも行われます。特に文字だけのコミュニケーションでは、表情はもとより声のトーンもわかりません。

そのため、メールでは事務的で冷たい、または少々失礼だと感じることがあっても、実際に会うととてもフレンドリーで、そのギャップに驚くことがあります。

マイナスな印象を払拭する機会があればいいですが、対面する機会がなければ悪い印象のままになってしまいます。また、それが個人的なやりとりではなく、会社の看板を背負っていれば会社全体のイメージを損なうことにもつながりかねません。

メールなどでは心を伝えるのが難しいことを自覚して、相手目線で発信する。それによって礼節を伝えることができます。

では、相手目線とは具体的にどのようなことを言うのでしょうか。これは報告書なども同じですが、まずは「読みやすいこと」が一番です。

ひと目で読む気が失せるようなびっしり書かれたものより、適度に余白があり、内容ごとに改行されているほうが読みやすいことは間違いありません。

相手の知らない言葉を使っていないか

また、質問や提案に対しての回答が不明瞭だと、一度でやりとりが終わらず何度も連絡をすることになってしまいます。返信をするときは、受け取った内容の答えになっているかどうか、余分な話題を回答に含めていないかどうかなど、「**相手が時間を割かずに理解できる書き方になっているか**」という視点が必要です。

もし追加で伝えたい情報があるときには、「別件ですが」などの言葉を用いて整理すれば混乱を招くことは少ないでしょう。

使う言葉についても注意が必要です。自分は日常的に使う言葉でも、相手にとっては使い慣れない言葉であるかもしれません。専門用語、カタカナ用語を濫用することで相手の負担になっていないかどうかについても想いをはせてみてください。そのような**想像力は読み手に対する優しさ**です。

「わかりやすさ」「読みやすさ」を意識した書類やメールは相手を想う気持ちそのもの。「時間を割いて読んでいただくもの」という気持ちで仕上げることが大事です。顔が見えない、声が聞こえないからこそ、より丁寧なコミュニケーションで相手を想う気持ちを表していきましょう。

「相手に合わせる」が基本スタンス

価値観が多様になった昨今では、「お世話になっております」に代表される最初の一文、「今後ともよろしくお願いいたします」という最後の言葉を好む人もいれば、無駄な言葉なので省きたいという人もいます。

会社独自のルールや個人のこだわりが混在し、「正解がわからない……」という方がいるかもしれません。

そのようなときも、**「相手のペースに合わせる」というスタンスを忘れないようにしましょう。**それによって、やりとりを重ねるうちに、相手が望む連絡方法やメールの様式がつかめてきます。

それには、「相手がどのようなものを好むのか」に関心を向けることが必要です。それがなければいつまで経っても自分本位の発信になりがちで、相手目線に気づくことはできません。

相手あってこそのコミュニケーションだということを忘れないようにしましょう。

相手の時間を奪わないように配慮する

待ち合わせの集合時間や書類の提出期限などからわかるように、日本人は「時間を守ること」に価値を見い出す人が多いと感じます。比較的時間におおらかな海外に比べると、時にそれが窮屈に感じられることもありますが、**時間を守ることは「相手の時間を奪わない配慮」を示す行動**だと言えます。

特に多忙な人にとって時間は貴重ですから、約束した時間を守らないというのは相手の貴重な時間を奪っていることと同じです。忙しい人のその後の予定にも影響を及ぼすことになり、計画や段取りを台無しにしてしまいかねません。

約束の時間に遅れた「その先」に何があるのかということにまで想いをはせることが大切です。

いつも時間に遅れる人や締め切りを守らない人に悪気はないのでしょうが、軽率な行動が相手の時間を奪っているという想像力は身につけてほしいところです。

とはいえ、思いがけず寝坊をしたり、待ち合わせ時間や場所の誤認をしたりすることもないとは言えません。そんなときも「相手の時間を奪わない」という発想をもっていれば、早めに遅れることを連絡して相手の被害を最小限に抑えようとするでしょう。

追い込まれてしまうような状況でも、**相手への思いやりを形で表すことを忘れない**ようにしましょう。

相手へのお誘いには「逃げ道」をつくっておく

約束を律義に守ることに限らず、協調性や調和を尊ぶのも日本の素晴らしい文化ですが、それが行きすぎるとなかなか本音が言えなくなってしまいます。相手に対して、はっきり「ノー」と言えない人もたくさんいるのです。

私はどちらかといえば歯に衣着せぬタイプの人間ですが、そんな私でも、たとえば食事やイベントの誘いを断るときは、「どのように断れば失礼がないか」「どんな理由なら相手をがっかりさせないか」と言葉の選択に気をつけています。


そうしたことから、自分が誘う側になったときには、「相手には気がねなく断ってほしい」と考えるようになりました。

もちろん、お誘いするわけですから「来てほしい」「参加してほしい」という気持ちが一番にあります。しかし、せっかく参加してくれるのであれば無理のないように、そして心おきのないようにしてほしいのです。

そこで、私は誘い文句に次のような「断りやすい選択肢」を入れることにしています。

ひとつ上の言い方

「お越しいただければ嬉しいですが、遠方なので無理のないようにしてください」

「〇〇のイベントがありますが、ご都合はいかがですか？　ちょうどお忙しい時期かもしれないと思いましたが、お声だけかけさせてもらいますね」

このように「遠方」「忙しい時期」という逃げ道をあえて用意します。また、距離感の近い相手の場合には、

ひとつ上の言い方

「急な仕事が入った場合には、お互いにドタキャンしましょう！」

というように「仕事を優先してもらっていいですよ」「お互い様ですからね」とい

うニュアンスを込めます。

「ノー」と言いやすい状況をつくることで相手のストレスを減らし、心から一緒に楽しむことを優先する。相手に気を使わせないためのちょっとした「気づかい」です。

相手に気を使わせないようにするのもひとつの礼節

もうひとつ、相手に気を使わせないために配慮が必要な場面があります。これは相手の年代や関係性によっては違う判断があるかもしれませんが、複数名での会食に遅れてくる人がいる場合です。

仕事が長引いたなどの理由から、開始時間に間に合わず遅れる人もいます。そんなときは遅れてくる人を待ってから会食を始めたほうがいいのか、または揃っている人だけでとりあえず始めたほうがいいのか――？

人によっては「自分が到着する前に始めたのか」と不快感をもつ人もいるかもしれませんが、「みんなを待たせてしまったこと」を申し訳ないと感じる人のほうが多いようです。また、待っている人は喉がかわいていたり、お腹がすいていたりするもの。そのようななかで遅れた人が到着するまでジッと待たれていると、ご本人がかえって恐縮するかもしれません。

「じゃ、先に始めましょうか。乾杯の練習から（笑）」などと言ってなごやかにスタートし、本人が到着したら「先にいただいてます」「先に始めてました」「あらためて乾杯しましょう！」と声をかける。

これまでの経験では、このスタイルで特に問題はないように感じています。

遅れてきた人に気を使わせないために、「あえて始めておく」というのも一種の心配り、礼節ではないでしょうか。

「せっかくの食事なのでみんな揃ってから」という価値観も大切ですが、それが形だけのマナーになってしまいかねません。相手にとって何が快適か、何がストレスにならないか。そのような視点を柔軟に取り入れることも必要です。

ビジネスマナーに固執しすぎてはいけない

マナーとは、相手に失礼のないようにふるまうことや快適にすごすための心づかいです。しかし、「これはマナー違反！」と目くじらを立てる人がいたり、いわゆる謎マナーと呼ばれるものが増えたりして、本当に大切にしなければならないことが見失われているようにも感じます。

なかでも、「もっと臨機応変でいいのではないか」と思うことのひとつにお見送りのマナーがあります。

よく、相手の姿が見えなくなるまで見送るのが当然のマナーのように語られます。たしかに相手の存在を大切にする態度だと言えるでしょうが、あくまで「そうすることが望ましい」だけで、「絶対にそうしなければならないもの」ではないはずです。

見送られる人がそれを負担に感じたり、状況的に不自然だったりする場面では順守する必要はないと思いますが、皆さんはどのように考えますか？


以前、こんなことがありました。ある会社で打ち合わせを終えると担当者2名が私を見送ってくれました。エレベーターホールまでで十分だと思っていたのですが、「下までお送りします」とのことでビルの外まで出てくださいました。お忙しいであろうことや外が暑かったこともあり、「もう中にお入りくださいね」と伝えました。

数メートル歩いて振り返ると、二人はまだそこに立っています。身振り手振りで「中に入ってくださいね！」という気持ちを伝えたのですが、どうやら姿が見えなくなるまで見送ってくれそうな雰囲気です。

かなり歩いてひとつ目の信号で立ち止まったとき、再びそっと振り返ると、まだ立っている二人……。「どうしよう、駅まではまだ一本道でまだかなり距離があるのに」と思った私は、用もないのに途中でカフェに入って姿を消しました（笑）

たしかに、「まだ姿が見えるのに中に入ってしまったのか！　けしからん」と不快に思う人がいないとも限りません。完全に姿が見えなくなるまで見送るのは安全策だと言えます。

しかし、「お見送りの本来の意味」を見失い、決めごとに縛られてしまうのは双方にとって残念なことです。

「もうここで十分ですよ」と相手が伝えたときに、

ひとつ上の言い方

「ではお言葉に甘えてこちらで失礼いたします。お気をつけてお帰りくださいませ」

「さようでございますか。本日はお越しいただきありがとうございました」

「お気づかいいただきありがとうございます。今後ともよろしくお願いいたします。お気をつけて」

というような言葉を添えていれば、不快な印象はないはずです。

マナーは相互に心地よくすごすためのもの。「これは不自然ではないか」「相手にとっては負担ではないか」という目線をもつことこそ、相手の気持ちを考えた礼節ではないでしょうか。相手や状況に合わせた臨機応変さをもちたいものです。

クレームへの上手な対応は「具体性」がポイント

「ありがとう」という感謝の言葉はとても素敵ですよね。どんな場所でも、相手が誰でも「ありがとう」と素直に言うことができる人は、相手やその周りの人だけでなく、自分自身にとっても快適な空間をつくれます。

「ありがとう」は比較的口にしやすい言葉ですが、「ごめんなさい」「すみません」「申し訳ございません」などの謝罪の言葉は、プライドが邪魔をしたり、自己保身の気持ちがあったりするため避けてしまいがちです。

そのような人が多いからこそ、**素直に「ごめんなさい」が言える人は周囲との摩擦が起きにくく、心地よい人間関係を築きやすくなります。**

しかし、どちらも口先だけの言葉であると相手に気持ちは伝わりません。もちろん、何も言わないよりは数倍マシですが、せっかくであれば、「礼節の伴った伝わる言葉」を使いたいものです。

では、どのような工夫をすればよりよい形で想いを表すことができるのでしょうか。接客マナーの研修や講演でもよくお伝えしていますが、感謝やおわびを伝えるときには**「具体的に」というのがポイント**です。

特にクレームでは、まさにこの手法が解決の糸口になることも多いです。これはクレーム解決のテクニックのように聞こえるかもしれませんが、小手先の話ではありません。「具体的に伝える」という形にたどり着くには、次のようなことに全神経を働かせる必要があります。

クレーム対応のポイント

- 相手がどのような行動をとっているのか「よく見る」
- なぜ気分を害したのか「よく聞く」

・どのような解決方法を望んでいるのか「相手の気持ちを考える」

怒っている相手から逃げたいという気持ちがあると五感は鈍ります。逃げも隠れもせずに正面から向き合うという真摯な気持ち、礼節をもってなんとかしてご納得いただきたいという気持ち。

そうした想いがあるからこそ、相手に対して興味や関心をもつことができ、質のいい情報を得ることができるのです。

それがあれば、トラブルが起きるまでの背景や相手の心情を汲み取ることができ、ただの「申し訳ございません」ではなく、気持ちのこもった具体的な言葉で謝罪することができるのです。

相手の立場になって「行動」や「感情」に想いを寄せる

客室乗務員としてお客さまと接していたころ、機内販売時にお客さまからクレームが出たことがあります。普通席をご利用の男性のお客さまでした。聞けば「娘へのおみやげにしようと思っていたぬいぐるみが売り切れで、買えなかった」とのこと。

機内販売の商品は数に限りがあり、また上位クラスの座席から優先的に販売を開始するため、すべてのお客さまのご希望に沿えないことがあります。

お客さまのこの言葉だけを聞けば、販売側の事情を説明し「申し訳ございません」とおわびする対応になりそうなところです。

しかしよくお話を聞いてみると、ご不満のポイントは「買えなかった」ということだけでなく、別のところにもありました。

お客さまは早いタイミングで「ぬいぐるみが買いたい」と乗務員にお申し出になったそうです。その際、乗務員から「機内前方より販売をスタートするため、お待ちください」と言われ、案内にしたがってお客さまは待っていたのです。

それにもかかわらず、機内販売のカートが普通席にくるやいなや、お客さまより後ろに座っている人が先にぬいぐるみを買ってしまい、売り切れになってしまったとのこと。これは完全に乗務員間の連絡ミスです。

「自分は早めに希望を伝えて、案内通りに順番を待っていたのに……」

「前に座っている人が買ってしまうならあきらめもつくが、どうして自分より後ろの席の人が買ってしまったのか？」

「娘の喜ぶ顔が見たかったのに……」

お話をよく聞くことで、このような気持ちが渦巻いていることが痛いほど伝わってきました。そして、おわびの際には次のような言葉を添えました。

- こちらの案内にしたがってくださったにもかかわらず、不手際があったこと
- 長らくお待たせしたにもかかわらず、お買い求めいただけなかったこと
- 早い段階でご希望を伝えてくださったにもかかわらず、乗務員間で情報共有ができていなかったこと
- 最初に伝えていた説明と異なり、先に後ろの方が買ってしまったことに不公平感や矛盾を感じさせてしまったこと

お客さまから話を聞くなかで得た**「情報と感情」に対して、具体的に謝罪した**のです。するとお客さまは、

「そうなんだよ。僕が怒っているのは買えなかったことじゃない。もし、前の席にいる人が買って売り切れになったなら仕方ないと思えた。けど、ちゃんと待っていたのに後ろの人が買ってしまい、なくなったことに納得がいかなかったんだ」

とようやく少しだけ笑顔を見せてくださいました。

具体的な文言を入れることで「状況を理解してもらえた」「不快な気持ちに共感してもらえた」と少し安心にも似た気持ちになります。

謝罪のときには「何について申し訳ないと思っているのか」に焦点をあて、それを言葉にすると気持ちが伝わりやすくなります。

これは、感謝の言葉を表す場合も同じです。「〇〇してくれて、ありがとう」と相手の行動を言葉にする。そうすることで、「あなたがいつもしてくれることに気づいていますよ」「あなたの心づかいが嬉しかったですよ」という想いが伝わります。

謝罪と同様に「相手の行動や感情に焦点をあてること」がポイントです。

日ごろ、なにげなく使っている「ありがとう」「ごめんなさい」にもう一声を添えて、「あなたのことをちゃんと理解している」という目には見えない気持ちを形にして伝えてみてください。

部下を〝伸ばすほめ方〟と〝ダメにするほめ方〟

自分が指導する立場になったとき、今どきの若者にどう接すればいいか、悩んでしまっている人も多いのではないでしょうか？　「相手のため」という名目で、理不尽なほど厳しく接することには真っ向から反対です。ですが、逆に優しく接しすぎて温室育ちにしてしまうような無責任な教育にも疑問をもっています。

私が客室教育訓練室の教官だったときに心がけていたことは、訓練生がお客さまの前に立ったとき、お客さまからどのように思われるかという目線をもつようにすることとです。また、会社のブランド価値に見合った人材として育成することもひとつの基準に教えていました。

多くのお客さまはしっかりした礼節があるため優しくおおらかでしたが、期待値が高いために、サービスに対して厳しい目をもつお客さまも少なくありません。

教官としては、訓練生たちをいつも励ましほめていてあげたいのはやまやまです。しかし、長い目で見て、「ダメなものはダメだと知っておくこと」「改善すべきところを素直に見つめ成長する姿勢をたたき込むこと」が育成者の使命だと思っていました。

素晴らしいと心から感じた瞬間のみ惜しみなくほめることで、当たり前の基準を上げるという狙いもありました。


ですが、まだ合格とは言い難いパフォーマンスであったとしても、**前回からの変化が少しでも見られたときには、その変化を見逃さず、改善に向けた努力や工夫に対して言葉をかける**ようにしていました。たとえば、

ひとつ上の言い方

「昨日とメイクの方法を変えましたね？　表情が明るく

なり、とても素敵ですよ！」
「サービスのスピードはもう少し上げる必要はありますが、前回よりも表情が柔らかくなりましたね！　笑顔を意識していたのがわかりましたよ」
「テストで結果が出なくて悔しいですよね。涙が出るのはがんばった証拠。あと一息！」

というように、事実は事実として伝えるものの、「努力したこと」「工夫したこと」による変化はしっかり認めてあげたいと考えていました。

誰かが自分を認めてくれること、見ていてくれることというのは、自分の存在を大切にされていることと同じです。

相手を立てることやほめることの根底には、相手の行動や能力を心から称え、敬意を払って認めることが必要です。そうでなければ、自分の好感度を上げるためだけの行為になってしまいます。

本物の関係性を構築するために必要なのは、テクニックではなく心です。

無意識のうちに相手の意見を否定していませんか？

あなたの周りには、他人の意見をすぐに否定する人がいないでしょうか？　何を口にしても否定ばかりされてしまうと、何も言いたくなくなってしまいますよね。**誰かと心を通わせたいと思ったとき、まずは相手の意見を受け止めることが大切です。**

数年前にある企業の社長から研修依頼を受け、事前の打ち合わせをしました。その際、「みんなが本当のことを話してくれないんだよ。報連相ができてない。思ったことは言っていいと伝えているのに……」とおっしゃっていました。

研修はチームワークがテーマで、一人ひとりの意識やコミュニケーションの取り方についてお伝えするよう準備して臨みました。研修では社長から要望があった、勇気をもって提言することの大切さや報連相についてのワークも行い、社員の方も理解を深めてくれたようでした。

研修後、会食の席で気になったことがありました。その社長は、誰かの意見に対しての第一声が、「でもさ！」であることがとても多いのです。

私も何度か「でもさ！」と言われ、反対の意見を言われるのかと思いきや、よく聞いてみるとすべてが反対意見というわけでもないのです。「でも」が口癖になってしまっているのだろうと感じました。

とても正直で純粋な方であることはわかりましたが、会社トップであり評価者でもある社長という存在。ただでさえ、社員が本音を話すのはハードルが上がります。そのような背景のなかで、「でも」という言葉が返ってくることが続けば、周りも積極的に何か伝えようとは思わなくなってしまいます。

話してくれたことに感謝する

せっかく「みんなの意見が聞きたい。本音が知りたい」という経営者としての素晴らしい想いがありながら、知らないうちにそのチャンスを潰してしまうのはとてももったいないことです。

たとえ稚拙な意見であったり実現が難しい提案だったりしても、まずは、

ひとつ上の言い方

「（勇気をもって）話してくれてありがとう」

「（信頼して）言いづらい胸のうちを聞かせてくれてありがとう」

「なるほど！ そういう視点もあるよね」

という言葉で感謝の気持ちを表し、その行動を称えましょう。**自分の意見を否定されない、話したことをちゃんと認めてくれるという「安心できる環境」をつくってあげることが大切**です。

個人個人がもつ価値観、育ってきた環境、年代、男女差、国籍による文化の違い。自分の正解とは異なる考えを耳にすることもあるでしょう。それを最初からはねつけることなく、まずは聞くこと。

「そのような意見もあるのですね」と受け止め、そのあとで

「私はこのように思いますが、いかがですか？」

と伝えられると不要な摩擦を生むこともありません。

いきなり相手の意見を否定してしまうと、話の内容とは関係のないところで感情のこじれが生じます。

相手への礼節を忘れないことで、自分の意見にも耳を貸してもらうことができ、周囲も安心して本当の気持ちを話せるのです。

返事ひとつで相手との関係性は180度変わる

誰かが自分の話を聞いてくれることや、安心して話せる場所があること。それは、仕事でもプライベートな場面でも、人間にとって欠かせない大切な要素です。

一説によると、人はお金を払ってでも自分の話を誰かに聞いてほしいと思っているとか。悩みを心理カウンセラーに相談するのも、知り合いと会食して大いに話したくなるのも、そのような気持ちが表れているのかもしれませんね。

研修で「どのような人と一緒に仕事がしたいか」と質問すると、

- 話をちゃんと聞いてくれる人
- 自分の考えを否定せずに受け止めてくれる人

という意見が多く出ます。ただ単にそばにいて話を聞くということでなく、「理解に努めながら共感して聞いてくれる人」を求めていることがよくわかります。

つまり、**聞いているのか聞いていないのかわからない態度は相手を不安にさせ、ときには不快感にもつながります。**では、どのようなことに気をつければ社会人として失礼にならず、話し手に安心してもらえるのでしょうか？

もっとも避けてほしいのは無反応です。話を聞いて理解していても、それを表現しない限り他人からは見えません。何かしらの反応がないと「ちゃんと聞いてる？」と話し手に思わせたり言わせたりすることになります。

相手に伝わる反応として一番わかりやすいのは返事です。**「はい」のひと言があるだけで一方通行のコミュニケーションがキャッチボールに変わります。**短い言葉でも、「あなたの話を聞いていますよ」という安心感を与えることができます。

・的確なアドバイスをくれる人

返事が大切だということは誰もが知っているでしょうが、それを徹底できているかは別の話です。仕事のメールでも、「承知しました」「受け取りました」という報告も同じこと。返事は相手に安心してもらうための心づかいであることを知っていれば、おのずと行動に移せる人も増えてくるでしょう。

相手の話を受け入れていることを伝える

他に相手が安心して話すためにできることには、目線を合わせる、うなずく、質問するなどの行為があります。

目を合わせることやうなずくことは、視覚的な安心感を与えます。また、質問をするということは、「正しく理解したい」「もっと知りたい」「さらに聞かせて！」という想いを言葉で伝えることになります。

話し手にとって、そうした行為は「自分を受け入れてもらっている」としっかり感じ取ることができる要素であるため、とても嬉しいものです。

しかし、聞いているふりをしているだけでは、内容に見合った質問は頭に浮かびません。心を込めて聞いているからこそ相手との関係を深める質問が出てくるのです。「質問をすれば相手は安心するだろう」という手法ありきではなく、**相手に心を向けていればこそわき上がってくる「質のよい質問」であることが大前提**です。


私が新人のころの失敗談をご紹介します。

ある日、上司から呼び出され、先輩の話を聞くときにメモをとっていないことを注意されました。

私は当時、話を聞くときにあえてメモをとらないようにしていました。メモをとってもそれで安心してしまい、結局は見返すことは少ない。だから、なるべくメモに頼らずその場で頭に叩き込む。すでに知っていることや確認が済んだことは聞き流し、新たな情報や覚えきれない大切なことだけをメモすればいい——。このような、〝自分流〟のルールをもっていたのです。

合理的なようですが、これは相手目線がすっぽり抜け落ちています。また、当時の私は「聞いていますアピールをするのはなんだかイヤだなあ」と思っていました。今ならわかりますが、そのころの私には話し手への敬意や感謝が欠けていたのです。

教わる立場でありながら、先輩の話を「情報」としかとらえていないのは大変未熟でした。また、**敬意や感謝という想いは見えないものであるからこそ、「伝わりやすい形がないと誤解を招くもの」**だと学びました。

心がなければ無礼になります。心があっても正しく伝えなければ誤解を招き、それもまた無礼になってしまうのです。私の失敗談を通じて、心と形の両輪が大切だということに気づいていただけると嬉しいです。

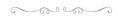

SNSを通じても感じる「品格」と「安心」

SNSで誰でも不特定多数の人に情報を発信できるようになり、多くの人とつながることで趣味や仕事の幅が広がる人が増えてきたように思います。しかし悪意のある匿名の参加者も多くいるので、使用する際には慎重さも必要です。

何を発信するのも個人の自由という前提はあるものの、やはりSNSは不特定多数の人が目にするもの。価値観や主張はそれぞれ異なるとしても、**「どのような言葉を選択し、どのように他者とやりとりしているか」というところで、その人の「品格」があらわになっている**のを感じます。

礼節のある人は、現実世界でのコミュニケーションはもちろん、SNSにおいても相手への配慮、それを見る人への配慮ができます。

フォロワーが多い人の一部には、乱れた言葉や相手をやゆする言葉、相手を叩こうとする言葉などを濫用する人を見かけます。不謹慎な動画で注目を集めようとする人もいますね。そのような人と安心してかかわりをもてるかというと難しいでしょう。たとえ匿名で個人的にやっているSNSだとしても、相手への敬意や見る人への配慮を忘れない人からは品格を感じることができます。

私自身も、SNSを通じて仕事の依頼を受けたり応援していただいたりすることがありますが、そういう方たちに共通するのは、ご縁がつながる前から投稿によって垣間見えていたお人柄です。

自分らしさを保ちつつもけっして傍若無人ではなく、自分の夢や達成したいことを素直に表現し、かといってやみくもに応援者を増やそうとはしない。そしてそれなりのポジションがあるにもかかわらず、謙虚で感謝の心も忘れない。

これらはどれも当たり前といえば当たり前ですが、それができる人ばかりではないのはみなさんも実感されていることでしょう。自然に応援者が増えていく人たちは、意識しなくてもそれらを自然にやれています。

リアルの世界でもネットの世界でも、顔が見えるか見えないかは関係なく、**「相手に敬意を払う」「心地よい距離間を保つ」「利己の心で接しない」「驕らない」ということが大切**です。匿名であろうが実名であろうが、礼節と品格のある言動を心がけ、ご縁を引き寄せていきましょう。

難しい相手にも伝わる言い方の工夫

CAのころは外国人乗務員と一緒に国際線のフライトをすることがありました。ロンドン、中国、香港、シンガポール、タイを基地とする外国人CAがおり、彼らが得意とする路線では大いに知恵を借りました。また、母国語しかお話しにならないお客さまがいらしたとき、彼ら彼女らの存在は本当に心強いものでした。

自ら望んで日系エアラインの乗務員になったとはいえ、異文化で働くということは違和感を覚えたり、窮屈さを感じたりしたのではないかと想像します。

成田からロンドンに向かうフライトでのこと。とても美しい外国人CAと一緒にビジネスクラスを担当することになりました。ところが彼女は出発前の機内準備の段階からとても不機嫌そうに見えたのです。

これからお客さまを迎えるというときに誰から見ても不機嫌な態度でいることは、一緒にフライトするチームにとっても好ましくありません。ですが、外国人CAは日本人に比べてオンとオフの線引きがはっきりしている傾向があるため、そのときは何も言わず様子を見ることにしました。

ところが……。お客さまの搭乗を終えて食事のサービスが始まっても彼女はずっと仏頂面。彼女の担当エリアのお客さまがその様子に驚き、ご不満な様子は遠目にも明らかでした。「なんとかしなければ」とあわてて彼女の担当エリアに出向くと、

「ねえ、あのＣＡはなんなの？」

「さっきからずっとあんな態度だけど」

という声が複数のお客さまからあがりました。

自分の感情はいったん脇に置く

私は彼女をギャレー内に呼びました。正直な気持ちを言えば「いい加減にしてください。クレームがきましたよ。フライト中ですからプロとしてお客さまの前に立ってくださいね」と言いたいところです。

ですが、そのような伝え方をしてもいい結果は得られないと考え、

ひとつ上の言い方

「少し疲れていますか？　お客さまも私たちもあなたのチャーミングな笑顔が見たいと思っていますよ」

と伝えました。すると彼女は「ＯＫ」とうなずいてサービスに戻りました。

そのあとは、美しい顔立ちがさらに引き立つ素敵な笑顔でお客さまと向き合っていました。お客さまの様子も先ほどとは異なりました。その様子を見た私は、彼女に感情的な言葉をぶつけなくてよかったと心から思ったのでした。


当初の彼女の態度はほめられたものではありませんし、プロである以上、言い訳もできません。しかし、そこでこちらが礼節を失えば事態はさらに悪化します。

異なる文化や環境ですごしてきた仲間とのコミュニケーションは、日本人同士以上に相手に敬意を払い、互いを尊重しなければ通じ合うことは難しいです。それは、**礼節をもって接すれば、国籍の異なる仲間とも素晴らしい仕事ができる**ということでもあります。

文化や価値観が異なる相手だからこそ、相手の気持ちに寄り添った伝え方が大切だと再確認したフライトでした。手前味噌なエピソードではありますが、お役に立てば幸いです。

第4章

礼節のない人には
どう対処すればいいか

世の中には平気で嘘をつく利己的な人がいる

世の中にはいろいろな人がいます。嘘をつけない正直な人も多いですが、反対に平気で嘘を口にする人もいます。そのような人に出会ったとき、どのように対処すればいいのでしょうか。

平気で嘘をつく人は周りの人を振り回します。相手の年齢や関係性にもよりますが、プライベートであれば、わざわざそのような人に時間を割く必要はないので、距離をとるようにすればいいでしょう。

しかし、仕事においては距離を置くのが難しいこともあります。

仕事において困るのは自己保身の嘘をつく人です。怒られたくない、責められたくないという防衛本能が働くことで嘘をついてしまうのです。罪悪感がありながらもつい……というケースと、明らかに虚偽であるにもかかわらず、まるでそれが真実だと本人も思い込んでいるようなケースです。

平気で嘘をつく人とは、正直でいることをあきらめたような人です。誰かに罪をかぶせることも平気なので、極力距離をとって、接触するときは十分に警戒することをおすすめします。

相手を無視したり、嘘つきだと周囲に吹聴したりしてはいけません。それは、あなた自身の価値を下げることになるからです。

振り回されるのではなく、たとえば言った、言わないでもめることのないように、**メールなど書面に残せるように工夫したり、仕事の進捗状況を他の誰かと共有しておけば、万が一のときの証拠や証人になります。**たとえば、

ひとつ上の言い方

「念のため、メールでもお送りしておきますね」
「あとで確認しやすいように、書面に残しておきますね」

というような感じです。

「あなたが信用できないから」というスタンスではなく、**あくまで「仕事をきちんと遂行したいので」というニュアンスで伝えることがコツ**です。

まっすぐ仕事に向き合いたいにもかかわらず、自分に過失のないことでトラブルに巻き込まれて、傷つかないように気をつけてください。

礼節に欠ける嘘をつく人だと見抜けず、翻弄されることもあるかもしれませんが、その経験を無駄に終わらせることなく「転んでもただでは起きない」の精神で振り回されないための工夫を凝らしていきましょう。

いつでも慎重に、冷静に対処することが大切です。

わざと無視をする人に出会ったら

ニュースなどでいじめに関する報道を見るたびに心を痛めます。学校のみならず、大人の社会でもこのようなことがあるのは残念極まりないことですね。身体的な暴力同様に、「無視をする」ということも人を著しく傷つけます。

ましてや集団でとなると、それはもう誰かを死に追いやってしまうほどの深い傷になることは、過去の悲しい事例からも明らかです。

私も職場で意地悪で有名な先輩に狙いをつけられ、無視され続けたことがあります。とてもイヤな気持ちにはなりましたが、実は学生時代にもクラスメイト10名弱のグループから無視をされたことがあります。

そのときは絶望的な気持ちになりながらも、「相手は深く考えずにそのような行動をしている。遊びのような感覚だ。そしてその目的は、私にダメージを与えることで優越感に浸ることだ」と気づくことができました。

そこで私は、仲のよかった友達にサッと見切りをつけて、他の居場所を探すことでその状況を乗り越えることができたのです。

その経験から、職場の意地悪な先輩にも比較的冷静に対処することができました。相手の望みは、「こちらにダメージを与えて優越感に浸ること」です。動じたら負け。相手がどうであろうが、こちらはいつも通りにあいさつをして、いつも通りに報告してお客さまの前でも笑顔です。

極力いつも通りに振る舞うことで、周囲の人も「誰が正しい行動をしているのか」がわかってきます。それに居心地の悪さを感じたのか、いつの間にか嫌がらせもなくなりました。

もちろん、今でこそこのように冷静に語ることができますが、当時はいつも重苦しさとやりにくさ、つらさを感じていました。ですから、今は当時の私と同じ思いをしている人に軽々しいことは言えません。

かわすことができるなら、動じることなくかわしてください。しかし、一番大切なのはあなたの体と心を守ることです。つらさに耐えきれず押しつぶされそうなのであれば、やれることをやって逃げてください。**自らの鬱憤を晴らすために誰かを傷つけるような人の犠牲になる必要はありません。**

そして、もしもあなたの周りで無視をされて苦しんでいる人がいたら、あいさつだけでもいいので、声をかけてあげましょう。

「リーダーのやり方に従わないと、次は自分がターゲットにされてしまう……」。そんな恐怖があるなかでは、無理強いできることではないかもしれません。

しかし、一人ひとりが「人としてどうあるべきか」を考えることができたなら、職場や学校で起こる悲しい事件は確実に減ると思います。

約束を守らない人にはどう対処する？

約束を守らない傾向がある人は、責任感や想像力、共感する力が弱いようです。約束に備えた相手の計画や準備が無駄になる、あるいは相手が楽しみにしていたことがかなわなくなる……。そうした気持ちにまで考えが及びません。

プライベートでは時間を共にする相手を選べますが、仕事ではそうもいかないことがあります。そんなときの、私なりの対処法をお伝えしましょう。

私は**「約束を守らない人」と「約束を守れない人」は分けて考えるべきもの**だと思っています。どちらも行動の結果は同じですが、過程における相手への気持ちや扱いが少し異なります。

たとえば、手帳への記入もれや端末への入力もれというような「うっかりミス」による約束不履行が頻繁にある人は、「約束を守らない」ではなく「守れない」のでしょう。適宜こちらから約束内容についての念押しをするなどの工夫をします。

問題なのは「約束を守らない人」。これは、そもそも心のどこかに「守らなくてもいい」という考えがあるのではないかと想像します。

本人も表面的には約束を遂行しようと思っているのでしょうが、どこかでその約束を軽く見ているのか、相手の存在を軽視しているのか……。反対に、約束を大切に想いつつも「甘え」が出てしまっているのか、その心のうちはわかりません。

約束を守ってもらえないとは、「自分の存在が大切に想われていない」ということでもあります。同じ職場などで距離をとるのが難しいという状況なら、**約束不履行による被害を最小限にすることだけを考えましょう。**

事前の確認、進捗状況の把握、約束不履行時の取り決めに意識を向けておけば、精神的なストレスは軽減されます。

もし度がすぎる約束不履行があったときには、関係に亀裂が入らない程度の罰則を設けることを考えてもいいでしょう。

「約束を守れない人」なのか、「約束を守らない人」なのか。パターンを見きわめることで対処方法は変わります。少しでもストレスを軽減し、心が沈まないようにしてください。

威圧的な態度をとる人、威圧的な言い方をする人

大きな声を出す、イライラしてものに当たる、にらむ、舌打ちをする、イヤミな言い方をする、立場を利用して目下の人にえらそうにする……。

威圧的な態度や言い方の例は枚挙にいとまがありません。身体的な被害はないとしても恐怖を感じて委縮してしまう人も多いでしょう。

ここでは、接客の経験と威圧的な先輩に苦慮した体験をもとに、このような人に出会ってしまったときのヒントをお伝えできればと思います。

客室乗務員として接客をしていると、お客さまのなかにはごく一部、そのようなふるまいをする人がいました。どんなことがあっても安全性と快適性を保つことが仕事ですから取り乱しはしませんでしたが、こちらも感情のある人間です。理不尽だと感じる場面での威圧的な態度や言い方には、心がすり減るような気持ちになりました。

しかし、このような経験もまた仕事のうちだと腹をくくることで、お客さまからそのような態度をとられたとしても比較的冷静に対処でき、いつまでも引きずることはほとんどありませんでした。**「仕事」という意識があれば覚悟が生まれます。**けっして喜ばしい経験ではありませんが、必要な経験であるとさえ言えます。

また、威圧的なお客さま対応を経験することで、ルールに快く協力してくださる方や、目下である乗務員に対してもぞんざいな扱いをしないお客さまに対して、一層の感謝と尊敬の念を抱けるようにもなりました。

ところが、威圧的なのが上司や先輩などの身内であると、ストレスはお客さまの比ではありません。私の周りにはたくさんの素晴らしい上司や先輩がいましたが、なかには気分次第で威圧的な態度をとる方もいて、私たち新人はとても疲弊しました。

機嫌を逆なでしないように努めたり、あまりにもひどい態度のときは力を合わせて歯向かったりもしました（笑）。それでも収まらず、どうすれば解決するだろうと年上の知人に相談すると、こう言われました。

「そんな人にエネルギーを使うな。そんな態度をとるのはかわいそうな人だから」

それを聞いた当時の私は、

「かわいそうなのはイヤな目にあっている私たちのほうじゃないの？ 先輩は好き勝手にふるまってストレス発散してるのに……」

と思ったものです。しかし、今ならその言葉に完全に同意します。

満たされている人は、人にそのような態度をとりません。満たされない気持ちを抱えている人が、威圧という武器を使って誰かをコントロールしたり、優位にいると感じたりすることで自分の存在価値を確認しているのでしょう。

そのような人に出会ったとき、まずは冷静になることが求められます。お客さまのために使うエネルギーを、たった一人の威圧的な態度をとる人のために消耗してしまうことはありません。

威圧的な言葉や態度によって、一時的には相手がしたがってくれるように見えます。しかし、それは「怖いから」「面倒だから」という理由にすぎません。

誰かの上に立つとしても目下の相手への礼儀礼節を欠かさない人、このような人にこそ「ついていきたい」と心から感じるものです。

ただし、もしかすると気づかないうちにこちらにも失礼がある、もしくは反省すべき点がある可能性もあります。そのときはしっかり自分の言動を振り返り、わずかでも非があれば先に素直に謝罪しましょう。

「行儀が悪い人」に伝わる言い方

「行儀がよい」「行儀が悪い」という言葉は、食事中や公共の場所でのふるまいについて多く使われます。そのような場では時間や空間を他人と共有することになるので、それなりの行儀を心がける必要があります。

自分のことは自身で気をつけるとしても、同伴者の行儀が悪かったとき、あなたならどうしますか？

一緒にいるのが部下や後輩、子どもなどのときには、周りに不快感をもたれるような言動があればきちんと教えるのはそう難しいことではないでしょう。口うるさい人だと疎ましく思われるとしても、周囲の人に対する配慮や社会性は若いうちにぜひ身につけておいてほしいことです。

ただ、一緒にいる「行儀の悪い人」が上司や先輩だったときはどうすればいいでしょう。難易度が上がります。

上の人にもの申すのは、相手に恥をかかせることにもなりかねません。このようなときでも臆することなく指摘し合うには信頼関係が大切です。

上司は部下に躊躇なく指摘でき、部下が上司にもの申すときも快く耳を傾けてもらえる。日ごろから相手に敬意を表し、信頼関係を深めていればそのような関係をつくることも可能です。

まだそのような関係性がない相手の場合でも、場所や伝え方に気をつけることで、やんわりたしなめることができるかもしれません。たとえば、

「○○しないほうがいいですよ」

「そうではなくて、これが正解ですよ」

という直接的な言い方を避け、

ひとつ上の言い方

「私も最近まで知らなかったのですが……」
「すでにご存じのことかもしれませんが……」
「大変申し上げにくいことですが……」

というような**クッション言葉**を使うことで少し柔らかい言い方になります。このクッション言葉、「そんなまどろっこしいことを言いたくない！」「面倒くさい！」という声を時折聞きます。

たしかに面倒ですが、このひと手間が大切なのです。なぜなら、「あなたにもの申すことに、私は心をくだいていますよ」と感じてもらうことが目的でもあるからです。

クッション言葉を添えることで、「あなたにはそれくらい価値があります」「それくらい大切な人です」という意を伝えられるわけです。

また、会食の席で相手の声が大きくにぎやかになりすぎたときなどは、自分は声のトーンを落とす、言葉を少なくしてほほえむ、うなずくというようにするとトーンダ

ここは禁煙です
すでにご存じのことかもしれませんが

ウンを促すことができます。

それでもうまくいかないときには、最後の手段として私ならその人の行儀の悪さをフォローする形で、周囲に配慮を見せると思います。

お店であれば周りにいる他のお客さまや店員さんに、公共の場所であれば周囲にいる人に対して、目線、会釈、「にぎやかですみませんでした」という言葉を通じて「ご迷惑をかけました」という気持ちを伝えるのです。

ちょっとした行動、ほんのひと言ではありますが、それがあるとないとでは大違いです。自分ではなく同伴者のふるまいなのに、そんなフォローまでする必要があるのかと疑問をもつ人もいるかもしれませんが、どこであっても誰が相手であっても礼節を忘れずにいたいものです。

知識をひけらかすと礼節を失う

ここまで、礼節のない人への対処法について話してきましたが、礼儀作法やマナーに詳しくなると、ついやってしまいがちなことをお伝えします。

それは、重箱の隅をつつくような、細かい作法や形にこだわりすぎてしまうということです。相手のふるまいが目に余る場合は別として、**誰も不快にならないような小さなことであれば見逃してあげることもまた相手への優しさです。**

美しい形、正しいとされる礼儀作法の土台となるものは、相手への心づかいや敬意

です。それを、

「正しい知識はこうなのよ！」

「そんなことも知らないの？」

と知識を振りかざして優越感に浸ることは、本来の礼儀作法の考え方から遠ざかってしまいます。

行儀がいいこと、礼儀作法のマナーに詳しいことは素晴らしいことですが、人前で恥をかかせたり、いわゆるマウントをとったりするような言動は控えましょう。

第5章

いつでも心穏やかでいるための考え方

譲るだけが礼節ではない

相手に敬意を払う行動や思いやりの心をもつことは、人間関係の質を高めるものです。日本ではたとえば有事の際も暴動が起きることはなく、比較的冷静な行動ができる人が多いです。会議などでもみんなの意見を聞いてものごとを進め、無難なところに落ち着かせるというのも日本らしいやり方だと感じます。

一方で、そのような「協調性や調和」が行きすぎてしまうと、他のところで弊害が出てくるのではないかと危惧します。私が出会ってきた人のなかには、次のような人たちも少なくありませんでした。

- 「相手の気持ちを優先すること」ばかりに注力し自分を卑下している人

・「みんなと同じ」が協調性だと思い込み、本当に正しいことを口にしない人
・「私さえ黙っていれば……」と言葉を飲み込み、言いたいことを我慢する人

多くの人にこのような傾向があると思います。

相手への礼節や心づかいは尊いことですが、それはけっして自分のことを犠牲にしたり、ストレスを抱えて業務を行ったりすることとイコールではありません。

また、協調性や調和の意味を都合よく解釈し、自己保身のために利用することも本来の意味とは違ってきます。

もちろん争いごとをけしかけるつもりはありませんが、心を壊さないようにするためには、「自分自身も大切にすること」「周りに流されすぎないこと」「いつも気持ちを押し殺してストレスをためないこと」も忘れないでほしいと思います。

なぜなら、自己犠牲や自己保身が土台となっている関係性は、健全だとは言えないからです。

軋轢《あつれき》を避けるためには、とりあえず相手をほめてもち上げて、心にもないお世辞のひとつでも言っておけばいい……。そのように考える人がいるかもしれませんが、そうした「世渡りテクニック」はその場しのぎのものであり、表面的な関係性しか築くことはできません。

相手を立てるために一段下がることはあるにせよ、けっして人間として上下があるわけではないのです。良質な関係に必要なものは、自己保身や見返りを期待したお世辞ではなく、心からの行動や言葉です。

もし相手と意見の相違があったら、頭ごなしに否定することなく、いろいろな価値観があることを受け止めましょう。そのうえで、「どうすればよりよい結果になるだろうか」と、双方にとっての幸せに向けた話し合いができるといいですね。

「誰が正しいかではなく、何が正しいか」という言葉があるように、**相手と自分の双方の幸せを考えることこそが、最高の礼節であり、健全な関係**だと考えます。

譲るばかりが礼節ではありません。自分を抑えてばかりでは、いつしか心が疲れてしまいます。心穏やかにすごすために自分に嘘はつかないことです。

自分の心が満たされているからこそ、相手を思いやる心にもさらなる余裕が生まれます。「自分のことも大切に、相手のことも大切に」と考えましょう。

不確かな情報やウワサに振り回されない

どこにいても簡単に情報が入手できる昨今では、**意識してコントロールしなければ洪水のようにネット上を流れている情報に飲み込まれてしまいます。**

私は心穏やかにすごすために、情報収集は時間を決めて行うことや、ネガティブな情報が多いものは見ないようにしています。

気持ちだけで「見ないようにしよう」としても難しいので、ネガティブな情報を発信する人のフォローをやめたり、もしそれでも気持ちがざわつくようなことがあるなら、ＳＮＳ自体をやめたりすることも選択肢です。

不安なときこそ情報が欲しくなりますが、それで情報を得たところで何も解決しないどころかますます心配になるのは本末転倒です。

また、気をつけなければならないのは、間違った情報を無責任に拡散しないということです。「みんなに知らせなきゃ！」という優しい気持ちあってのことだとしても、不確かな情報が広がってしまうと収拾がつきません。とりわけ、その内容が安全や健康、命にかかわるケースではより慎重さが求められます。

誰もが気軽に発信できる便利な時代ではありますが、どのような言葉で、どのような内容を発信しているかは多くの人に見られています。人の投稿に便乗して誰かの悪口を書いたり、見る人に対する配慮のない画像や動画を掲載したりすると品格を疑われます。

まずは自分がそのような情報に振り回されたり、ウワサや悪口に便乗したりしないことが大切です。また、**発信するときは「見る人への影響」を想像できる人でありたい**ものです。

「何のためにやるのか」という優先順位を考える

仕事をするうえで「優先順位を考える」というのはとても大切なことです。なんでも手当たり次第にやるのではなく、重要度や残された時間などを考慮しながら計画を立てることで、確実性をもって仕事を進められます。

雑然とした脳内を整理することで、「やるべきこと」がクリアになり、迷いなく進めることができるのです。

日常生活においても、「優先順位（＝自分が優先したい価値観）を考えること」や、「何のためにやるのかを明確にすること」は心の安定につながります。

なんとなくスッキリしなかったり、一生懸命やっているのに気持ちが落ち着かなかったりするときは、目的と行動が一致していないということが多いようです。

「何のためにやるのか」がはっきりしたことで心に落ち着きを取り戻すということは、育児を通じても経験しました。

仕事、育児、家事に追われていた三十代のころの私は、いつも重圧感のようなものを感じていました。

「母親が仕事をしているから子どものしつけができていない」

「子どもがいるから仕事がいい加減だ」

「忙しいから家がいつも散らかっている」

このようなことを言われないようにしなければ、と常に考えていたのです。

仕事を続けることも子どものいる人生を選んだのも、私自身の選択。

今思えば、誰も私を責めていないのに自分で自分の首をしめているようなものでした。体力的にも精神的にも余裕がなくなり、ささくれ立った心の私を救ってくれたのはママ友たちの言葉でした。

「夜、寝る前におもちゃで散らかった部屋を片づけるけど、また朝がくればすぐに誰かが散らかしてしまう。つまり、部屋がきれいな時間はみんなが寝ている間だけ！これって、私以外の家族は片づいた部屋なんか望んでいないってこと？　そう思ったら、無理に片づけなくてもいいかなと思うようになったの」

「たしかにその通り！」と目からウロコが落ちました。私は家族が快適にすごせるようにがんばらなければと思っていましたが、家族が本当に望んでいたのは、多少散らかっていてもガミガミ言われることなくリラックスしてすごせる場所だったのです。

もちろん、掃除の行き届いた家であることに越したことはありませんが、「きれいにすること」が目的になっていて、一番大切な、母親である自分が笑っていることを忘れていました。何事も、無理のない範囲でやればいいのだと気づきました。

「何を大切にするか」を忘れない

また、仕事でも「何のためにやるのか」という目的を忘れてしまうと、心が乱れて業務に支障を及ぼすことがあります。

サービス訓練教官をしていたときのことです。新人クラスのなかに少し気になる訓練生がいました。大きな問題を起こすことはなかったのですが、どこかいつも締まらない笑顔をしていて、ニコニコではなく「ヘラヘラ」しているように見えたのです。その理由はなんだろうと考えていました。

ある日、珍しく彼女がテストの追試になったので、これはいい機会とばかりに少し話をすることにしました。「今回のテストはどうしましたか？珍しいですね」と声をかけると、ポロポロと涙を流して「クラスに居場所がないんです。毎日つらいです」とのこと。

地方から出てきて心細く、他の訓練生を見て自信をなくしたのかもしれません。優しいなぐさめの言葉を期待しているかもしれませんが、甘えを断ち切り、腹をくってもらうため、あえて厳しい質問をしました。

「あなたはここに何をしにきたのですか？　友達をつくりにきたの？」

そのとき彼女はハッとして、翌日から凛としたたたずまいと吹っ切れたような笑顔を見せてくれました。「何のためにやっているのか」を明確にすると、心を強く保つことができるということを彼女が証明してくれたような気がします。

礼節やマナーの講師として独立した現在、私はどの仕事を引き受けるか自分で決めています。基本的にはどんな仕事も感謝してお引き受けしますが、ときどき「こっちの仕事のほうが、もしかするともっと知名度が上がるかも！　仕事がたくさん入るかも！」と、目先の露出や収益に目がくらみそうになることがあります。

ところが、このようなときは何かが心に引っかかるもので、「何のために講師をやっているのか」「人生において大切にしたい優先順位や価値観は何か」を自問自答します。

そうすることで思考が整理され、目先のことに目がくらむことなく、自分が信じた道を歩いていくことができます。

自分とは一生のつき合いです。「何のために？」「自分にとって大切なことは？」と自分と対話をすることで、心がいま何を感じているか知ることができます。本当の気持ちがわかれば、あとはそれにしたがって行動あるのみです！

〝イヤな相手〟の背景を想像する

誰かに嘘をつかれたり、足を引っ張るようなことをされたりした……。また、嫌われることをした覚えもないのにきつく当たられたとき、驚きとともに心が傷つきます。

たとえば喧嘩中であるとか、何かしら思い当たることがあれば見当をつけることもできますが、いくら考えても理由がわからないときはとても混乱します。特に相手がこれまで親しくしていた友達や、尊敬していた先輩であるときには、心の傷はより深くなります。

そのようなときは、まず落ち着いて自分の言動を振り返ることが大切です。「何か相手を傷つけるようなことをしただろうか?」「失礼があっただろうか?」と考え、もし思い当たることが見つかったら、素直に謝罪して行動をあらためます。しかし、特に思い当たらないのであれば、それは相手の環境や感情に起因するトラブルかもしれません。

視点の数を多くもつことで、このようなときも必要以上に心を乱されることなく平静でいられます。自分にどうすることもできない問題については考えないようにするのが正解だとわかり、少し心が楽になりました。

自分よりも容姿がいい人や活躍している人を見て、「いいなあ〜」とうらやましく思うことはありますが、それ以上でもそれ以下でもありません。

努力で変えられないことはあきらめるしかありませんし、努力して得られるものなら自分がそれに見合う努力をすればいいだけのこと。感情はとかく複雑になりがちですが、**思考をシンプルにするのが心を乱さないコツ**です。

相手が気づくまで距離をとる

とはいえ、身に覚えがない嫌がらせを受けたりしたときは非常に混乱し、「私の何がいけなかったのだろう？」といちいち動揺していました。

そんなとき、ある人が私にこう言ってくれました。

「それはあなたの発言自体ではなく、受け取る側の問題だね。いろいろな人がいれば、出来事に対するとらえ方もいろいろだよ」

たしかに、同じ出来事でも受け取る側の状況や体調次第で感じ方は異なります。

ネット上で「年賀状に子どもの写真を載せることはデリカシーに欠けるか」という

トピックスが時折話題になりますが、その年賀状を受け取ってほほえましいと感じる人もいれば、心がチクッと痛む人もいます。

また、自分の子どもが受験に落ちてしまったとき、よそのお子さんの合格が素直に喜べないこともあるかもしれません。ひとつの出来事でも受け取り方はひとつではないのは当たり前のことです。

他人に対する想像力が足りなかった私は、相手の背景や気持ちを酌むことができなかったのです。

相手に礼節の感じられない行動をされたとき、それを頭ごなしに否定したり、正義をぶつけたりしても何の解決にもなりません。心の奥底では、本人も矛先を向ける相手が違うということに気づいているはずです。

ですから、気持ちが落ち込むようなことがあったとしても、必要以上に傷つくことはないと思います。

これからも引き続きご縁を保ちたい相手であれば、「相手の心が元気になるまで待ってみる」ということも礼節のひとつだと言えるでしょう。

相手の現状、抱えている悩みなどに想いをはせることができれば、焦らず騒がず解決できます。

うまくいかないことも、いい意味であきらめる

何か問題が起きたときや思い通りにことが進まないとき、「どうすればもっとよくなるだろう？」と知恵を絞り、向上心をもって進んでいくのはとても素晴らしいことです。小さな挫折でクヨクヨせず、しっかり前を向いているたくましい姿は多くの人を勇気づけるものでもあります。

このような傾向が強い人は、意志が固く行動も伴うため「得たい結果」を手に入れ

やすくなります。さらには、ようやく手に入れた結果でさえ、それにいつまでも酔いしれることなく、達成したことは「通過点」と考えます。そして、また新たなる手に入れたい未来を目指して段階を上っていきます。

いいことばかりのようですが、このような人が目標達成までの行程を「楽しい」と思えなくなったときは要注意。自分でも気づかぬうちにアクセルを踏みすぎて急ぐあまり、結果が出なかったときに自分のことを責めてしまいがちです。

うまくいくことも小さな失敗も全部含めて、その過程を楽しむことができているうちはいいですが、「つらい、しんどい、むなしい」という感情が湧いてきたら、少し立ち止まってみましょう。

もしかすると、「向上心・好奇心」が行動の動機であったのに、それがいつしか「欠乏感・不足感」を満たすことにすり替わってしまったのかもしれません。

「もっといい成績を残したい」
「もっとお金を稼ぎたい」
「もっといい暮らしがしたい」

というような目標を立てることは、なんら悪いことではありません。ところが、誰かと比較して「もっと！　もっと！」と自分をあおってしまうときは、欠乏感や不足感にとらわれているときだと言われます。

ライバルを設定することが行動のエネルギーになるなら良策でしょうが、それによって自分を責めてつらくなってしまうのは本末転倒のように思います。

たとえ現在の立ち位置が納得いかないものだとしても、潔くそれを受け入れることも必要です。また、**努力してもどうにもならないことはサッとあきらめてしまう**、いい意味での図太さを持つことも心穏やかにいられる秘訣かもしれません。

どこに行っても上には上があり、他人と張り合っていてもきりがないからです。

・自分にやれることを精いっぱいやること
・今の自分が残せた結果をしっかり認めてあげること
・比べる相手は他人ではなく、過去の自分であること

このように地に足をしっかりとつけた考えをもっておけば、人の目を気にしてつらくなったりむなしくなったりすることはありません。

感謝のハードルを下げる

公共の場でのふるまいには人の目を意識した行動が求められますが、人生の進め方において気にすべきは他人の目ではなく、「どうすれば自分と大切な人が実り多い人生をすごせるか」です。

多くを望まず今あるものに感謝することや、感謝のハードルを下げておくことが幸せを感じる心を育みます。

新型コロナウイルスの感染拡大によって、日本にとどまらず世界中の人が「当たり前にあった日常生活」を奪われてしまいました。大切な人と何も気にせずおいしいものを食べてお腹を抱えて笑ったこと、テーマパークや旅行や趣味を存分に楽しめたこと、店を開ければお客さまに会えたこと。

それが当たり前にあったときには、そのすべてがどれだけ幸せなことか気づけませんでした。

「もっと！もっと！」「足りない！足りない！」ではなく、まずは今ある幸せにしっかり目を向ける。その等身大の自分を受け入れたうえで、

「もっとよくなるためには、どうすればいいだろうか？」

「自分にやれることは何だろうか？」

と考えることができれば、欠乏感や不足感に襲われることなく自分の心だけを見つめていられます。

自分軸はぶらさない。でも、しなやかに

相手への敬意や配慮あるふるまいは、人間関係を育むうえで大切なことだと書き綴ってきました。自分の利を追求するのではなく利他の心をもって接すれば、相手を大切に想う気持ちが伝わります。

ですが、「相手を大切に想う気持ち」と同じくらい大切にしてほしいことがあります。それは自分軸です。**生き方や仕事のやり方においてどのような価値観をもち、何を大切にしたいのか。その答え合わせをしたいときに戻ってくる心の自分軸**です。

迷ったときに照らし合わせるためのものですから、その根っこがぐらついてしまったり、または軸そのものがなかったりする場合には、何を指標に進めばよいのかわか

らなくなってしまいます。

人の意見に流され、長いものに巻かれるだけの人生は、摩擦こそ少ないでしょうが、とてもつまらないものです。自分の人生の主人公は、紛れもなく自分自身です。揺るぎない自分軸をもっていれば、大きく道に迷うことはありません。しっかりハンドルを握っていきましょう。


ただしこの自分軸、あまりにも強固なものであると、「頑固」「融通がきかない」と言われるものになります。では、どのような自分軸であれば自分自身を見失うことなく、周囲とのバランスを保つことができるのでしょうか。

恥ずかしながら、私には「頑固」「融通がきかない」という傾向がありました。白黒をはっきりさせないと気が済まないタイプで、筋の通らないことが大の苦手。たとえ相手が上司や先輩でも、折れないこともありました。それについて後悔しているわけではありませんが、今思えば、そこまでかたくなである必要がなかったこともたくさんあったように思うのです。

これは「長いものに巻かれる」という惰性やあきらめをすすめているのではなく、「そこまでなら、まあいいか」と許容できるグレーゾーンを上手に設定できればよかった、ということです。

どちらでもいいこと、さして重要と言えないことはどんどん譲ればいいのです。そうすれば、「これだけは絶対に譲れない」ということへの主張が際立ちます。

「それほど自分の意見を主張しない人があぁ言っているのだから、相当大切なこだわりがあるのだろう」

「いつもこちらの意見を受け入れてくれる人だから、今回ばかりはあちらの意見を優先しよう」

駆け引きにも似ていますが、つまり、たいして重要ではないことは手放して、本当に大切にしたいことに注力できる環境を整えるのです。

自分軸を木でたとえると、揺るぎない強さが必要なのは「根っこの部分だけ」でいいのだと思います。風が吹いたとしても、根をしっかり張り巡らせていれば、根こそぎ倒れてしまうことはありません。

地表にある幹や枝はしなやかに揺れるくらいのほうが、肩の力を抜いて生きていくことができます。また、しなやかさがあれば、自分軸という心がポキッと折れることも防げます。

自分に大切にしたい信念があるように、相手にもまた相手なりの価値観があります。大切だと思うものが似ている相手だとしても、完全一致することは難しく、どこかに必ず違いはあります。

その違いを解決してくれるのが、いい意味での「まあ、いいか」というグレーゾーンです。

自分軸の根っこはぶらさず、でも地上に出ている部分はしなやかに。人に流されることなく、他人を上手に受け入れて心穏やかに自分の人生をコントロールしていきましょう。

おわりに

最後までお読みいただきありがとうございました。目には見えない「心」を形で表すということ、礼節を大切にすることで周りにどのような影響を及ぼすのかということについて、私なりにお伝えしてまいりました。

本書の執筆開始時から始まった新型コロナウイルス感染拡大の影響を受け、世の中が大きく変わりました。

感染拡大の当初は不安、混乱、利己的な考えによって、マスクの高額転売、デマの流布、詐欺行為というようなやりきれないニュースが毎日のように報道されました。

一方で、経済的打撃を受けつつも自粛に協力している店を応援しようという動きがあったり、足りないマスクを手づくりで補うための輪が広がったり、リスクを背負って第一線で働く医療従事者に心を寄せる言葉が聞かれたりしました。

今回の出来事は、緊急事態においてのふるまいが人によって大きく分かれることを浮き彫りにしたと思います。

- 苦境に立たされたときに、どのようなふるまいをするのか
- 大変な想いをしている人たちに、どのように接するのか
- 「自分さえよければいい」という行動をとるのか、助け合いや支え合いを大切にするのか
- 感謝の心をもって前向きに改善を目指すのか、不平不満ばかりを口にして、さらに周囲を暗くするのか

本書でも「上辺だけ」「形だけ」ではなく、まずは「心ありき」と何度もお伝えしましたが、仕事に対しても人とのかかわり方においても、どれだけ心を大切に向き合っているのか、非常事態になるとよくわかります。

また、外出制限や経済的危機にさらされることで、自分がこれまでも、そしてこれ

からも大切にしたいことが明確になったような気がします。

これからまだまだ変化があると想像します。しかし、「やり方」の変化や進化があるとしても、「在り方」という心の部分、人としての節度ある行動は変わることなく大切であり続けるはずです。

仲間と一堂に会し、一緒に食事をすることができた少し前の当たり前の日常。会いたいときにすぐに大切な人に会いに行くことができた日常。それらが失われつつあるからこそ、「本当にかけがえのないものは何か」と考え、気づくことができたように思います。

目に映る大切なもの、こと、お金。生活するうえではそれらも欠かすことはできませんが、人は人とのかかわりのなかでこそ、心からの幸せを感じると言われます。目には見えない心にある想いを「見える形」「聞こえる音」にしてしっかり相手に伝えていきましょう。

人は自分一人では何もできません。私たちは支え合って生きています。ならば、損得勘定のない心で他者との関係を育んでいくことが、みんなで幸せになっていく一番

の方法ではないかと思うのです。その結果として、

「あなたなら安心して任せられる」

「またあなたと一緒に仕事がしたい」

「あなただから応援したい」

「あなたに出会えてよかった」

という言葉の行き交う、プライスレスな瞬間に出会うことができるのではないでしょうか。


心は目に見えない抽象的なものです。どうしてもぼんやりした扱いになりがちですが、目に見えないことにこそ多くの価値が隠されています。お読みいただきましたみなさまが実り多い日々をおすごしになるために、本書がお役に立てばこの上ない喜びです。どうか、みなさまとみなさまの大切な人々が幸せでありますように。

令和2年8月　七條千恵美

著者紹介

七條千恵美
元JAL客室乗務員。お客さまから多くの賞賛をいただき、「Dream Skyward優秀賞」を受賞､取締役から表彰を受ける。また、TOP VIPフライトの中でも最上級ハンドリングの皇室チャーターフライトのメンバーに抜擢された経験を持つ。サービス訓練教官として1000人以上の訓練生を指導。評価最上位に該当するS評価を獲得。退職後、株式会社GLITTER STAGEを設立。研修講師としてパナソニック、コーセー、ポーラなどの大手企業から中小企業、商工会、教育機関など多岐にわたり講演や研修を行っている。受講者からは「おもしろい！わかりやすい！熱い！」という声が寄せられている。

礼節《れいせつ》を磨《みが》くとなぜ人《ひと》が集《あつ》まるのか

2020年10月20日　第１刷

著　　者　七條千恵美《しちじょうちえみ》
発 行 者　小澤源太郎

責任編集　株式会社 プライム涌光
電話　編集部　03(3203)2850

発 行 所　株式会社 青春出版社
東京都新宿区若松町12番１号 〒162-0056
振替番号　00190-7-98602
電話　営業部　03(3207)1916

印　刷　共同印刷　　製　本　フォーネット社

万一、落丁、乱丁がありました節は、お取りかえします。

ISBN978-4-413-23171-8 C0034